拷問刑罰史

【改訂第二版】

名和弓雄◆著

NAWA Yumio

雄山閣

御用提灯と袖がらみ（頭部）

提灯箱は桐製。袖がらみは鈎の下に板が1枚ついているところを注意されたい。
（著者蔵）

捕縄術秘伝書（江戸中期）

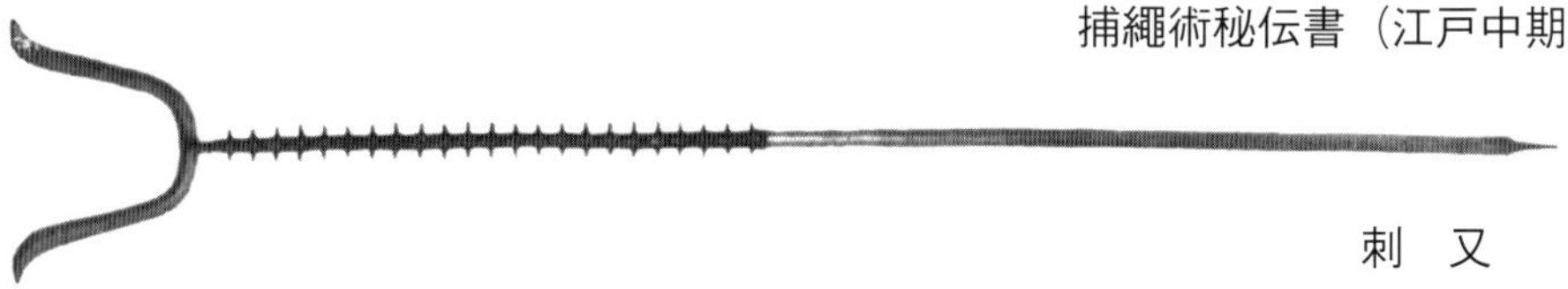

刺　又

突　棒

袖がらみ

捕物の三道具

丸橋忠弥捕物の図

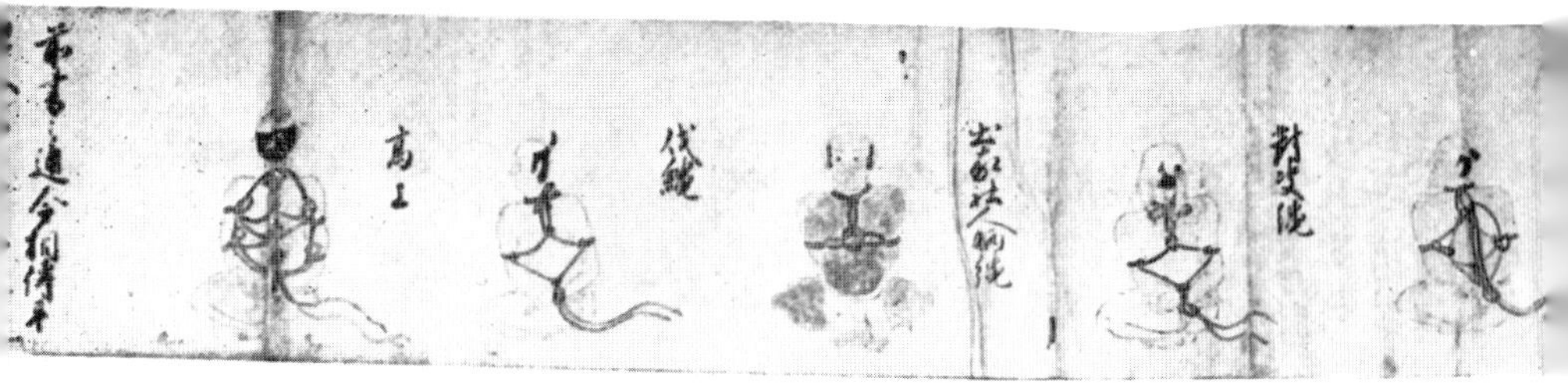

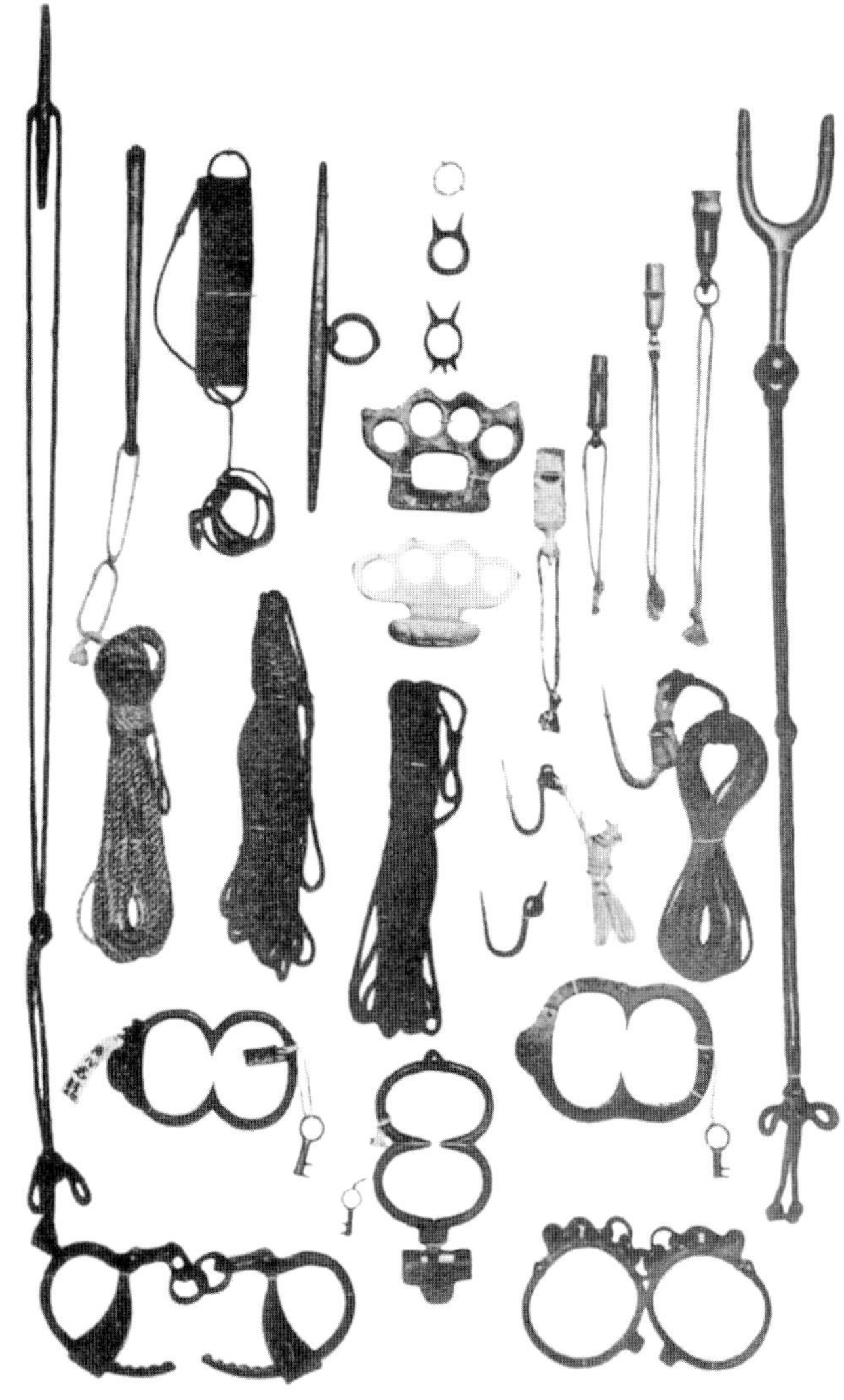

江戸時代の捕物と捕具

左は禁固具を中心とした補具のいろいろ
手ノ内　六寸　早手錠　鋲　角手　鉄拳
呼子笛　南蛮鈎　捕縄　鈎縄　手錠　足枷
（著者蔵）

踏絵のいろいろ
荻原裕佐作の真鍮踏絵五種十九枚が現存する

行政警察規則

邏卒から巡査にかわった時期の行政警察規則。山口県下の巡査に貸し、後任に引き継いだ。（著者蔵）

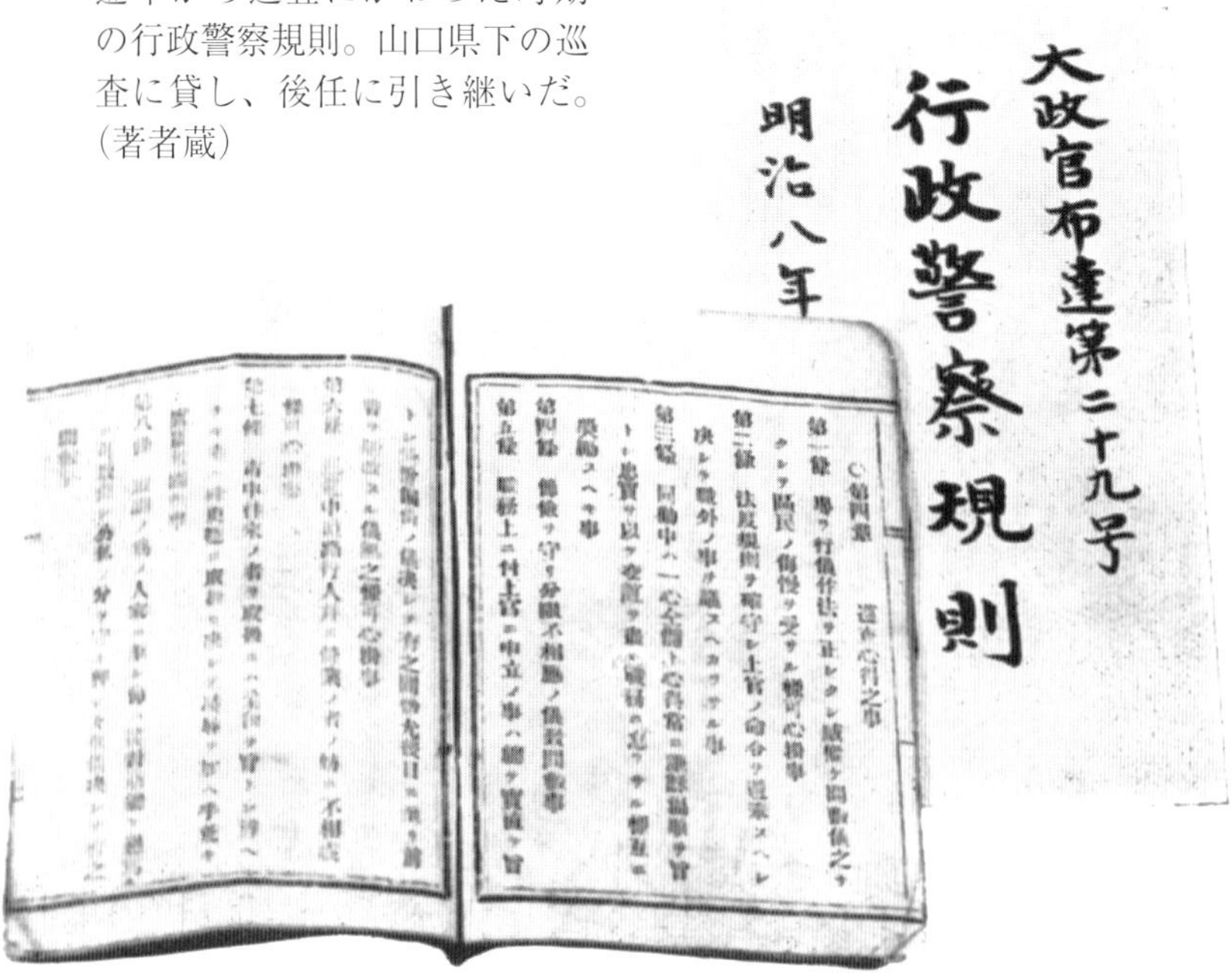

序にかえて

名和弓雄

『拷問刑罰史』は、私の処女出版であります。そして刊行半年後に、小森白《きよし》監督により、「日本拷問刑罰史」の題名で映画化されました（一九六四年）。それまで秘匿されてきた未知の世界を、あますところなく赤裸々に描いた著述をそのままスクリーンに映し出した本邦はじめての大胆な企画は、映画界空前の大観衆を動員し、今なおたびたび話題にのぼる大成功をおさめました。

現在、読み返してみますと、拷刑史というには、体系配列に、いささか無理が感じられますが、この著述の内容と、内容に寄せた私の情熱は、二十余年間の歳月を全く感じさせない新鮮さを失っていないように思えます。

しかし二十余年の間には、私なりに新発見もあり、書き残しておきたいこともあります。各章の余白に註を加えて、読者諸兄の御期待に応えたいと思います。

何はともあれ、この憶い出多い著書が、装いもあらたに、再び世に出る幸福、喜び、これに勝るものはございません。雄山閣社長の長坂一雄氏、取締役の芳賀章内雅兄に深謝いたしております。

昭和六十二年冬

拷刑資料について

人間が集団をつくって生活する以上、犯罪を完全に追放することが全く不可能であることは、古代から現在までの犯罪史が証明している。古代から、犯罪防止の建て前と、悪を憎む心情は、必然的に刑罰を生み、刑罰への過程として拷問がうまれた。

時には、拷問そのものが、刑罰として課せられた場合もあった。ことに江戸幕府の採用した自白裁判においては、犯人の自白がなければ断罪できないので、自白をうる方法として、拷問が一番手早い手段であったことは当然であった。

欧州における宗教裁判や、異教徒に対する拷問、刑罰の苛酷なことは有名であるが、日本の切支丹宗徒に加えた拷問、刑罰の惨酷さも遜色のないくらい凄惨なものであった。

しかし、人権を尊重する民主主義国家となった今日の日本には、拷問はあり得ない。拷問はすでに過去のものである。

古代から、人類の暗黒面に、爬虫類《はちゅうるい》のようにへばりつき、陰惨な呼吸を続けてきた拷問も、今日では、もはや「夢物語」にすぎず、つぎの世代には、跡かたもなく忘れられてしまうことであろう。

刑罰にしても、今日においては、想像もできないほど、人権を無視した苛酷な方法が、白昼、衆人環視のなかで公然と為政者の手で行なわれ、なんの不思議も感じなかったのである。「磔《はりつけ》」や、「火あぶり」や、「晒《さら》し首」などを、惨酷ショウさながらに、目《ま》のあたりに見られたのは、僅か百年前の、明治初年であるのに、現在は死刑廃止が論ぜられる時代なのである。まことに時代の移り変わりは、暁《あかつき》の夢のごとく、変転してきわまりない。

しかし、人類がこの世にあるかぎり、犯罪は人類と共にあり、それにともなう刑罰も、また厳として存在していくに違いない。

このように、人類と密接な関係を持つ拷問や刑罰の史録や逸話を収録して一つにまとめたものが、まったく見られないのはなぜであろうか。

古代から終戦まで、民衆のうえに、黒い大きな翼をひろげて、無言の威圧を与えてきた拷問と刑罰。

救いのない暗黒の牢獄と竹矢来の刑場に、血の涙を流させた拷問と刑罰。

日本における拷問と刑罰の史実と逸話を、参考文献と古老の昔噺《ばな》しによって、あますところなく探ってみることも、あながち意義のないことではないであろう。

しかし今日においては、江戸時代に生れた古老は死にたえ、参考になる古文献も、まことに少ないのが現状である。拷問や刑罰の文献は、江戸時代においても少なく、一般人の目に触れることはなかった。

徳川幕府の秘密主義政策によって、とくに拷問ともなれば知らしむべからずの最たるものであって、当時は一般人が筆にすることはまったく許されない事柄であり、もし内容を出版でもしようものなら、すぐ召捕られ入牢の憂目《うきめ》を見なければならないし、軽くても「遠島仕置」ぐらいの刑に処せられる重罪であった。

ただわずかに、司法関係の役人の手控え（覚え書き）や、後継者の教育用にと書き残されたものが存在するだけであった。しかも、奉行所や牢屋敷の役人同志の間においてさえ、自己の受け持ち分野に関する記録や方法を、他にもらすことを嫌って、詳細な記録は虎の巻として、自家に秘蔵し、他見を許さず、秘密を守ってきたくらい、セクショナリズムの徹底した世界であった。

乏《とぼ》しい資料の中で、もっとも正確であろうと推定されるものは、『徳隣厳秘録《とくりんげんぴろく》』である。「刑罪大秘録」を伝え、評定所の後鑑《こうがん》に備うといわれた貴重な刑罪資料である『徳隣厳秘録』は「諸書留」と共に、今なおわれわれ研究者に当時の拷問刑罰の姿を如実に示してくれる。

『徳隣厳秘録』は、数葉の囚獄の図を含めて、北町奉行所組与力、蜂屋新五郎が、親子二代にわたって「牢屋見廻り」の掛りを勤め、その実際の見聞を書きとめ、図に写しておいたものを、子の新五郎が文化十一年四月編集して一巻とした。さらに、稲葉丹後守正守がこれを写しておいたものを、当時の評定所で写し備えて御仕置仕形の参考としたのである。著者の参考にしたものは、天保十一年四月と書き入れた写本である。

他の書留本は、吟味与力の虎の巻らしく、克明に「御仕置類例」を毛筆で書き、図を描いているが、日附も所持者名もないものが多い。江戸中期の秘密出版物と思われる『牢獄秘録』も貴重な資料である。

図録の参考としては、『徳川幕府刑事図譜』一巻があるが、明治二十六年に発行したものであり、不正確な個所もあって、専門的な研究資料としてはいかがかと思われる。

他の参考古文献は、類例の下に、文献名を書き添えて読者の参考とすることにした。


本書は、弊社より昭和三十八年（一九六三）九月に〈初版〉を刊行し、以後、昭和四十一年には〈増補版〉を、そして巻頭の「序にかえて」にもありますように昭和六十二年（一九八七）には〈改訂版〉を刊行いたしました。但し本文等は〈初版〉のまま版を重ねておりましたので、平成二十四年（二〇一二）五月、レイアウトを一新させた〈改訂新版〉を出版。さらに今回の〈改訂第二版〉では、できる限り原文を尊重しつつ明らかな誤字・誤植を正し、不明瞭な図版を入れ替えるなど、より読みやすくなるよう修正を加えました。なお、本文中において今日の観点から一部に不適切な表現が見受けられますが、発表時の時代的背景を考慮し原文通りといたしましたこと、御了承願います。

（雄山閣編集部）

拷問刑罰史　目次

〔刑罰篇〕

挿絵・笹間良彦

拷問篇

第一章　上古の拷問

拷問ということば

「責《せ》め」のことを一般に「拷問」と呼んでいるが、江戸時代においては公刑の場合に、「責問」と「拷問」を混同して呼んでいるわけである。

正しくいえば、「笞打《むちう》ち」と「石抱き」は「責問」であって、奉行の一存で白洲で加えることができる。「釣るし責め」と「海老責《えびぜ》め」は「拷問」であって、責問で自白しない者に、老中の許可を得た上で、小伝馬町牢屋敷内、「拷問蔵」の中で行なうものである。

古書には、「糺問《きゅうもん》」、「呵責」、「責懲」、「強訊」、「強問」、「噭問」、「榜拷」、などのことばが見られるが、広い意味での「拷問」に適当することばといえば、やはり、「責め」、あるいは、「拷責」という辞句であろう。

古代の「拷責」

古代における「責め」については、『播磨風土記』に、仁徳天皇の御代に、伯耆国《ほうきのくに》の加具漏《かぐろ》と因幡国《いなばのくに》の邑由胡《おゆこ》の両名が驕奢《きょうしゃ》にふけり、専横な振舞いが多く、清酒で足を洗ったことが罪科に問われ、朝廷から狭中連佐夜《さなかのつれさよ》を派遣し、播磨国中川の里において、両名を水中に漬けて「水責め」にしたと記録されているのが古いところのようである。

「舒明記」のうち、八年三月の条に、采女《うねめ》の姦する者を、ことごとく捕えて拷問にかけたが、三輪君、小鷦鷯《おささぎ》は、苦痛に堪えかねて、自殺したと記載してある。

大化の改新の令制は、まことにおだやかで、「火責め」、「水責め」などの惨虐な「拷責」を禁止して、「笞杖法《ちじょう》（笞《むち》打ち）」一つにしぼり、回数は三度行なうこととし、その三度も、二十日間の隔たりを持たせて行ない、打つ数も、一回につき二百打を越えぬように定め、打つ場所も、所きらわず打つことを禁じ、臀部と背中に分けて笞杖を加えることを法とした。

当時の拷問は、刑部省《ぎょうぶ》で執行するのが普通であったが、衛府で行なう場合もあった。

いずれの場合でも、違法行為があればぽ、弾正台《だんじょうだい》で糾弾される制であったから、公刑の場合は他の拷問はやらなかったであろう。

しかし、武家政治の時代になると、法制は乱れて省みられず、惨虐非道な拷問が、折にのぞみ発案され実行された。

あいまいな公刑と私刑

鎌倉時代から戦国（安土桃山）時代までの、武士の勢力が強く政権を握っていた時代は、人の気風も殺伐であり、下克上の思想も加わり、法制は未だ確立明文化されていない時代であったから、公刑と私刑の区別もあいまいであった。

古文献に記載されている拷問の記録には、『保元物語』謀反人召の条に、皇后宮権大夫師光入道と、備後守俊通入道らを、東三条で「水責め」の拷問にかけたことが見える。

『太平記』三人僧都、関東下向の事の条に、文観房等を「火責め」と「水責め」の拷問にかけたことが、見られる。

『参考太平記』為明卿の事の条には、二条為明が、燃えしぎる炭火の上を、素足で歩かせられる「火責め」の拷問にかかったことが記載されている。

『庭訓往来抄《ていきんおうらいしょう》』には、鎌倉時代の三種類の拷責法の記録がある。

一を「推問」といい、圧しつけて苦しめ問う。さらに梯子《はしご》に縛《しば》りつけて水を呑ませ吐かす。さらに蛇を口から胃に入れる。

二を「拷問」といい、張付けにして、手足の生爪二十枚をはがす。さらに脚に錐《きり》を立てて徐々にもみこむ。

三を「拷訊」といい、鉄製の鉢を真赤になるまで焼いて、被疑者の頭にかぶせる。これを「火頂」という。

『碧山日録』には、獄官多賀某が、南禅寺の僧二名を水責めにした記録があり、『落穂集追加』には、納税額をごまかした農民を、大籠に入れて水漬けにして責めたり、木馬にかけて大石を両脚にぶらさげ、打ちたたいて責めたくったと生々しい記録が見られる（「木馬責め」の項参照）。

木馬（「拷問地獄図絵」）

以上の例を見ても、公刑として制定された拷問か、私憤による私刑の拷問か、非常にあいまいである。拷問の結果、過ぎれば不具廃疾のからだとなり、さらに過ぎれば、死に至る惨虐なものが多い。

第二章　拷問地獄図絵

「拷問」あの手この手

古来から戦前まで行なわれた数多くの拷問方法を文献で調べあげてみると、よく思いついたものと感心させられるほど、あの手この手と、人智の限りをつくした感があるくらい、多種多様な責め方が行なわれて来たのである。

短時間に苦しめるもの、長時間を経て苦しさが徐々に加わるもの、屈辱感を与えるもの、恐怖心や嫌悪感を利用するもの、思考力を失わせるものなど、あらゆる方法が考案され用いられて来た。

種々の拷責方法を述べると、大体つぎのようなものが文献に残されている。

前述の「水責め」にも種々な方法がある。

被疑者を梯子《はしご》または戸板などに、仰向《あおむ》けにして縛《しば》りつけ、顔面上に間断なく水を注《そそ》ぐ。はじめ口を閉じていても、鼻孔内からも水が流れこむので呼吸ができなくなり、苦しさのあまり口をひらく。口をあけば水はようしゃなく流れ込む。これを繰り返しているうちに、やがて胃袋に水が充満してしまう。

胸から腹が太鼓のようにふくれると、梯子などを逆さにかたむけ（頭部を低く脚部を高くし）、腹と胃を強く押して水を吐かせる。吐くときが楽であるかというと決して楽ではない。口と鼻から水が奔出し呼吸困難で、苦痛は水を入れられる時と同じく死ぬ思いである。吐き終わるとまた水を注ぐというように幾回となく繰り返す。顔面に一枚の布をかぶせておくと一層水がよく注入できて、苦しいものという。

「水責め」の他の方法には、水漬けにするのもある。

水槽または池や川に漬けて、水中に押しつけ、死にかけると引き上げ空気を吸わせて、また水中に押しつけるというぐあいに繰り返す。

背丈にすれすれになるくらいか、やっと首だけ上に出るくらいの水深の水中に縛って立たせておく。膝を曲げることもできないし、水温で体が冷えてゆき、徐々に苦痛が増大する。

籠に入れて汚水の中に漬けて放置する。

反対に水を全く与えず縛りつけて放置しておき、目前に清冽な水を見せつけて苦しめる方法も行なわれた。

水車に縛りつけて、水中をくぐらせる方法もある。

「氷責め」は、裸体にして縛り、氷の上に転がしておく方法。

「雪責め」は、裸体にして雪の中に埋めておく方法。

「火責め」は、烈火の上を素足で歩かせる方法。

焼火箸や、蝋燭で皮肉を焼きただらせたり、腋毛《わきげ》や胸毛や陰毛を焼いて責める方法。

炭火を赤くおこした鉄鍋で全身をなでまわす方法。

手や足に油を塗っておいて、下から火をたく方法。

縛りつけておいて、松葉や唐辛子でいぶす方法。

熱湯を満した釜に入れて下から火をたく方法。

背中を切り裂き、傷口に、とかした鉛をつぎこむ方法。（慶安騒動の謀反人、丸橋忠弥を責めるのに、この方法を用いたといわれる。）

逆さ釣りにしておいて、下から火をたく方法。

「釣るし責め」には、両腕を背後で縛り釣り下げて打ちたたく法。

片手を縛り他の片手で釣り下げる法。

髪の毛で釣り下げる法。

頭部を下に、脚で釣り下げる逆づりの法、などが行なわれた。

しめ木や道具を使って腹部を圧迫して苦痛を与える「圧し責め」の方法。

梯子や車輪に縛りつけて両脚に錘《おもり》をつけてぶら下げ、体をのばして苦痛を加える「のばし責め」の法。

腕を細ひもで固く巻きかためて苦痛を与える方法。

「簀《す》巻《ま》き」にして放置する方法。

縛り上げて馬に引きずらせる方法。

裸体にして、針のささらで全身を突き刺す方法。

貝殻で肉を削り取る方法。

針をうえた台座に坐らせ、または伏せさせて打ちたたく方法。

針をうえた桶の中に坐らせ、街路を引きまわす方法。

指、耳、鼻、舌、男根、乳房などを順次に斬りおとしていく方法。

縛っておいて取り囲み、くすぐる方法。この「くすぐり責め」は、昔の花柳界で行なわれた。

糞尿の中に漬けて放置する方法。

大小便を喰べさせる「糞尿責め」の方法。慶長年間、無法者の大鳥逸兵衛が、この責めにかけられ、あまりに非道な拷責と、悲憤の涙を流して怒ったと記録に残っている。

足の裏に塩を塗り、山羊その他の獣類になめさす方法。ざらざらした舌で、皮のはげた肉をなめこすられる苦痛と塩分のしみる痛みに堪えられぬ惨忍な責めであると伝えられる。

裸体にした二個の屍体の中間に、裸体にして縛った被疑者を密着させて放置する方法。屍体から発する屍臭も堪えがたいが、やがて屍体が腐乱してゆくと堪えられないといわれている。

生爪をはがし、唐辛子や塩につけて痛みを増大させたり、竹や針のささらで爪の間を責める方法。

蛇、ひる、くも、蜂、蟻、毒虫などを桶や函に充満させておいて、全裸にして縛った者をその中に入れて放置する方法。「加賀騒動」の浅尾も「蛇責め」にかけられたと伝えられる。

水や食物を与えず、飢餓線上を彷徨《ほうこう》させた上で、水や食物を目前において責める方法。

終日終夜、責めて眠る時間を与えず苦しめる方法。

裸体にして縛り、日ざらし雨ざらしにし、衆人の晒しものにしておく方法。幕末元治元年、勤皇党の宮部鼎蔵の下僕忠助は新選組に捕われ拷問され、南禅寺山門楼上に生き曝《さら》しにされてついに屈伏して同志の集合場所である池田屋を洩らしたため、有名な「池田屋斬りこみ」が、行なわれたといわれる。

このように多種多様の惨酷な「拷責法」が案出され実行されていた。

「拷責」が過ぎれば死ぬこともあったが、殺すことが目的ではないので、失神すれば蘇生《そせい》させて拷問を繰り返した。苦痛に堪えかねて自殺する場合もあるから、種々自殺防止の手段も施す。たとえば舌を噛み切らぬように、さるぐつわを噛ませるとか、竹筒に紐を通したものをくわえさせて、紐を左右にまわして頭の後ろで結んでおいたりした。

木馬責め

前述の『落穂集 追加』より抜粋した文中に「木馬責め《もくば》」ということばが出ているが、この木馬というのは、被疑者をのせる拷木が、馬の形に似ているから「木馬」と呼ぶのである。

木製の四本脚に横木をわたし、この横木に被疑者をまたがせるようにしてのせる。

横木は三角形に削り、被疑者がこれにまたがった場合に苦痛が増すように、三角の尖《とが》った角を上に向けて打ちつけてある。

西欧で使用された木馬には、横木の中央部に、とがらせた突起をつけたものがあるが、これは肛門につき刺さって、さらに苦しめるための工夫である。

後ろ手に縛りあげ、木馬にまたがらせて、両脚に錘《おもり》を吊り、さらに苦しめるためには木馬をゆさぶり、打ちたたいて責める。

女の場合は、毛髪を天井に結びつけておくと一層苦痛が増大する。

切支丹宗徒の拷問においては、女を全裸体にし、後手に縛り、木馬にかけて「転《ころ》べ、転べ（転宗せよ）」と責めたてたと伝えられる。全裸で木馬にかけられた若い女は、苦痛と差恥を死よりも辛く感じたにちがいない（15頁の挿絵参照）。

江戸時代にも「木馬責め」は、切支丹宗徒に対して、しばしば行なわれた拷責法であるが、残念ながら、当時使用した木馬の現存資料はない。

血汐したたる駿河問《するがど》い

『慶長見聞集』その他に所載の「釣るし責め」に、悪名高い「駿河問い」と称する惨酷な責め方がある。

これは駿河町奉行、彦坂九兵衛が創案した責めであるといわれている。

まず両腕を背中にまわさせ後ろ手に縛り、両足を背中にそらせて足首を両手首といっしょに縛り固め、四肢の中の背中に、重石を担《にな》わせ、四肢を縛り固めた縄尻で釣り下げる。体を弓のようにそらせ四肢で釣るされるだけでも苦しいのに、背に重い石の錘《おもり》をかけられているのであるから、その苦しさは想像以上であろう。しかしこれはまだ序の口で、「駿河問い」の惨忍さは、そのあとの責め方にある。釣り下げた被疑者を何回となく同方向にまわして釣り縄に捻《よ》りをかけておいて、独楽のように勢いつけてふりまわす。縄の捻りのある間同方向にまわり、つぎには反動で逆に回転する。捻じれた釣縄は、また逆に捻りをもどして回転するというぐあいに、何回となく右まわり左まわりと独楽《こま》のようにまわる。

これを繰り返していると、全身の脂が絞りだされ、鼻や口から血泡を吹き、汗と脂と血汐がほとばしり出て凄惨な地獄図絵を現出する。気絶すると、おろして水をあびせ、気付け薬をのませて蘇生させ、また繰り返す。昔の拷問には制限時間というものは全くないのであるから、自白するか、生命の灯が消えとだえるか二つの場合のほか、責めの終了することはなかった。

駿河問い（寛永年間に曽根甚六の妻駿河問いにかけられる。「拷問地獄図絵」）

回数も制限はないから、何十回でも、自白するまで、繰り返される。

この「駿河問い」の責めにかけられた者の記録は、慶長年間に大鳥逸兵衛。寛永年間には、曾根甚六の妻がかけられたことが史実に残されているが、実際には、しばしば行なわれたものと推定される。

第三章　御定書《おさだめがき》百箇条

法制の明文化

拷問、刑罰に直接関係はないが、読者の便宜に供するため、「御定書百箇条」の成り立ちと、百箇条の条目を述べておく。

戦国時代になると、大宝律令による法制や検非違使《けびいし》の制度や、問註所、侍所の制度などは、いつしか乱れて、全国的に統一された法制は見られず、奉行職と呼ばれる武士が治安を確保していたが、拷問刑罰の制定はまちまちで、道徳を標準として各大名各自の様式で取締り法をこしらえていた。

徳川幕府の律令は、はじめ成文の法律はなかったのであるが、一族連坐など苛酷にすぎるしきたりを改め法制を整備する必要に迫られ、慶長十七年に「法度書《はっとしょ》」を制定し、さらに、元和元年に「公事方定書《くじかたさだめがき》」を制定、寛政年間には「百箇条」を修正して「科条類典」を編纂し、「御定書百箇条」を制定した。この「百箇条」こそ徳川幕府二百六十年間の法制の基礎をなすものであって、まことに至れりつくせりで為政者には都合よくできている。

これは全部を一般に公表したものかというとそうではなく、実は執行官だけ知っておいて、一般民衆には知らせない方針であった。

「百箇条」の末文に、「右之趣達上聞《じょうぶんにたっし》相極《きめ》候、奉行中之外之不可有他見《ほかたけんあるべからざる》者也」とあり、関係者以外に見せることを禁じている。

「御定書百箇条之条目」を次に述べておく。

一、目安裏判之事。二、裁許絵図裏書加印之事。三、御領地頭違出入之事。四、跡式出入取捌之事。五、無取上願再訴竝に筋違之事。六、箱訴之事。七、諸役人非分私曲訴之事。八、裁許仕置之事。九、公事吟味銘々宅にて仕置之事。十、重御役人知行評定所一座領地出入之事。十一、用要水新田堤川除出入之事。十二、論所見分竝に地改之事。十三、論所見分伺書に入品之事。十四、裁許に可用証拠書物之事。十五、出入扱願不取上品々之事。十六、扱日数之事。十七、誤《あやまり》証文之事。十八、盗賊火附《ひつけ》吟味之事。十九、旧悪御仕置之事。二十、裁許背裏判紙不受者之事。二十一、関所破候者御仕置之事。二十二、隠《かくし》鉄砲有之村方咎《とがめ》之事。二十三、御留場鳥殺生致候者御仕置之事。二十四、村戸戸締之事。二十五、雑用村割之事。二十六、人別帳に不加他之者差置候事。二十七、賄賂差出候者御仕置之事。二十八、関所之事。二十九、地頭え強訴《ごうそ》竝に取鎮《とりしずめ》之事。三十、身代限申付方之事。三十一、田畑永代売買竝に致隠地候者之事。三十二、質地小作取捌之事。三十三、質地滞米金日限定之事。三十四、金銀書入取捌之事。三十五、利足定法之事。三十六、無取上借金之事。三十七、分散申付方之事。三十八、家賃其外書入証文捌方之事。三十九、二重質同書入売渡御仕置之事。四十、廻船荷物取捌之事。四十一、倍金竝に白紙手形之事。四十二、偽《にせ》証文之事。四十三、譲屋敷之事。四十四、奉公人給金済方《すみかた》之事。四十五、奉公人人宿請之事。四十六、欠落《かけおち》奉公人御仕置之事。四十七、捨子之事。四十八、養女を遊女奉公に遣候者之事。四十九、隠売女之事。五十、密通之事。五十一、女犯《にょぼん》之僧御仕置之事。五十二、三島派不取不施御仕置之事。五十三、新規神仏之事。五十四、変死内証にて葬之事。五十五、三笠博奕《ばくえき》取退無尽之事。五十六、盗人御仕置之事。五十七、盗物質取買取候者御仕置之事。五十八、悪党者訴人之事。五十九、倒者竝に捨物病人等有之を不訴者御仕置之事。六十、拾物之事。六十一、人勾引御仕置之事。六十二、謀書謀判御仕置之事。六十三、火札を張捨文致し候者之事。六十四、巧事重きねだり致し候者御仕置之事。六十五、中掛致し候者御仕置之事。六十六、為似せ金銀毒物竝に為似物御仕置之事。六十七、出火咎之事。六十八、火附御仕置之事。六十九、人殺竝に疵《きず》附者御仕置之事。七十、下手人に不成御仕置之事。七十一、怪俄《けが》にて果候者対手御仕置之事。七十二、婚礼之節石打候者御仕置之事。七十三、暴破候者御仕置之事。七十四、酒狂人御仕置之事。七十五、療治代之事。七十六、乱心にて人を殺候者之事。七十八、科人為立退竝に住所を隠し居候者之事。七十九、人相書を以て可尋者之事。八十、科人欠落尋之事。八十一、拷問可申付品之事。八十二、遠島竝に再犯御仕置之事。八十三、牢抜手鎖《てぐさり》外し不立帰者之事。八十四、辻番人御仕置之事。八十五、重科人死骸塩詰之事。八十六、溜預者之事。八十七、無宿片附之事。八十八、縁談之事。八十九、質物出入取捌之事。九十、煩旅人宿継に致候咎之事。九十一、私に帯刀致候者御仕置之事。九十二、新田無断引移候者之事。九十三、闕所《けっしょ》之地隠置候者咎《とが》之事。九十四、御仕置之倅出家之事。九十五、村方帳面無印村役人咎之事。九十六、軽悪事之者出牢之事。九十七、妻を売女に出候者御仕置之事。九十八、追放者入墨に成候者再悪事致候者御仕置之事。九十九、私《ひそか》に秤造相用候之事。百、御仕置仕形之事。

以上、百箇条である。

この「百箇条」を調べてみると、公《おおやけ》に拷問にかけて取り調べてよいものは五種の犯罪に限られていた。

「殺人」、「放火」、「盗賊」、「関所破り」、「謀書謀判」、の五つに限り、証拠が確かと認められるにもかかわらず自白しないもの、同類（共犯者）が白状しているのに本人が自白しない場合、その時々評議の上拷問を申しつける。

もっとも始めからこの規定はなくて、はじめは重軽罪の区別なく取り調べ中自白しなければ拷問にかけていたのであるが、元文五年に「関所

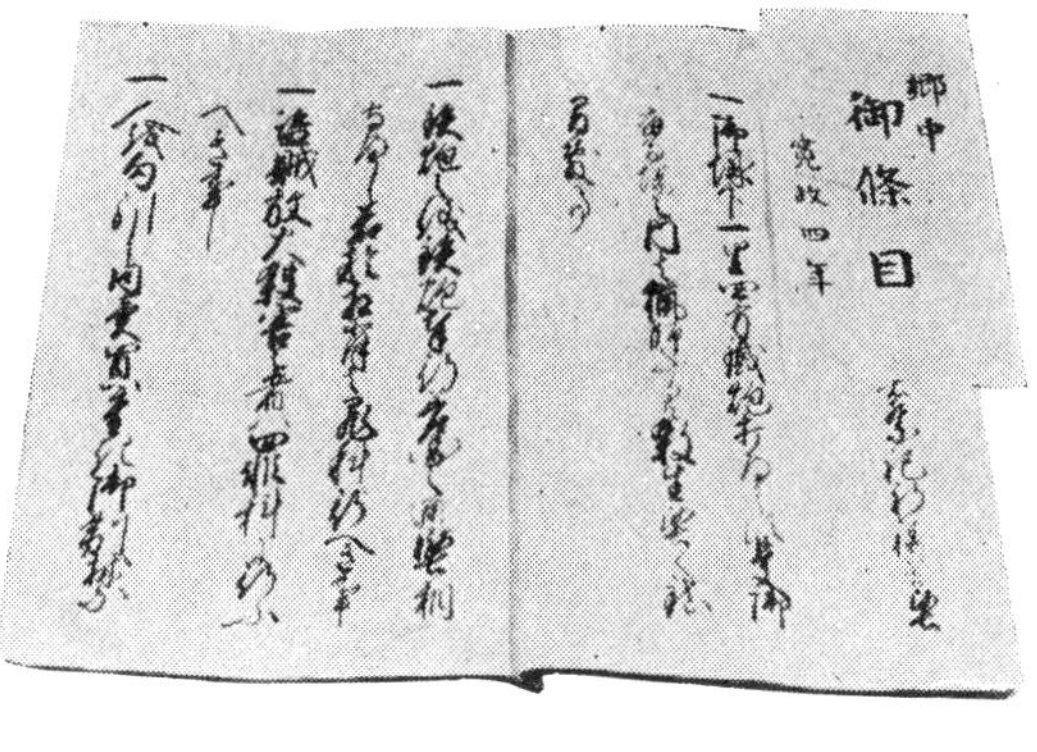

郷中御条目（寛政４年）

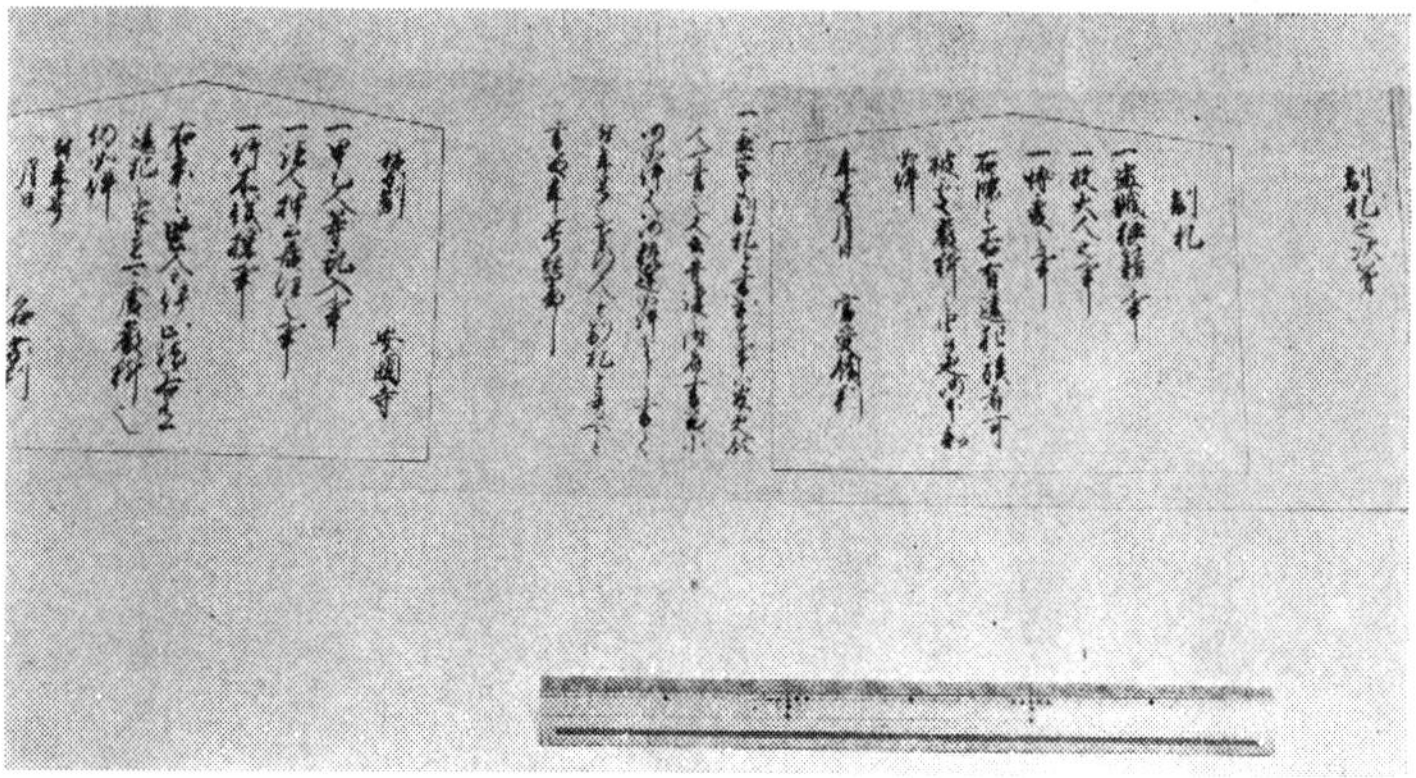

制札の次第

破り」、「謀書謀判」、「その他重罪のもの」を拷問にかけるよう規制され、のち、寛保三年に「人殺し」、「火付」、「盗賊」の三種は拷問にかけるよう追加し、前述のように五種に限定された。

以上述べた「御定書百箇条」は、徳川吉宗が寛保二年四月、寺社奉行水野越前守、町奉行石河土佐守、御勘定奉行水野対馬守の三奉行に命じて発令させたものを述べた。

上巻下巻から成り立ち、上巻は令八十一条、下巻は律百三ケ条。

「御定書百箇条」と呼ばれるのは、下巻を指すのである。寛保以後、明治新政府に引き継ぐまでの間、法廷罰則の基準として、みだりに変改することは許されなかった。

「目安書《めやすがき》」と「御差図書《おさしずしょ》」と「御仕置例書」

罪状の内容と刑罰の軽重は、奉行所備付の目安書によって判決を下した。天領で起こった事件で、代官所で判決を下しかねような場合は、江戸奉行所まで「御伺《うかがい》」として意見書を添えて処置を問い合わせてくる。奉行所からは、その処分に関して差図書を出して判決が下された。これを「御差図書」と呼んでいる。このような特殊な事件とその判決は、後日の参考のために、奉行所で書留められ以後の裁判の基準となるが、これは

「御仕置例書」と呼ばれた。

「番所」と「大番屋」

江戸時代の俚諺《りげん》に「ちょっと来いに、ろくなことはない」という文句がある。目明しに疑われて、「聴きたいことがあるから、ちょっと来てくれ」と、ことば巧みに「番所」（今日の派出所に類する所）に連れて行かれると目明しや手先の態度は、がらりと変わって被疑者は、もはや罪人扱いで、手きびしい下調べが行なわれる。

乱暴な強迫的なことばで、息もつかせぬようにたたみかけて訊問し、十手や筆を指の間にはさませて指先を強く握ってしめつけたり、殴《なぐ》りつけたりすることは当然のように行なわれた。被疑者を理由なく縛ることは許されなかったが、故意に手あぶりの火桶を倒しておいて、火鉢を投げて炭火を床に撒き散らし番所に放火しようとしたので、やむをえず取り締めたと強弁《きょうべん》して縛り上げることもあった。黙秘権など認められた時代ではないから、黙っていたり否定したりすれば、痛めつけられる。震え上がって、誘導訊問にのったり、あいまいなことをいうと、「大番屋送り」ということになる。

「大番屋」(註1)というのは、八丁堀材木町茅場町等にある留置場である。残念ながら「大番屋」に関する記録はまことに少なく、その構造や内部の留置状況など正確なことは判明していない。

『徳川刑事図譜』には、「大番屋留置所」の図が一葉掲載してあり、板張りの壁面高さ六尺ぐらいのところに鉄環が取りつけてあり、鉄環から鉄鎖が二筋垂れさがり、後ろ手に縛りあげられた被疑者がその鎖につながれている。

鉄環と鎖は、四、五尺くらいの間隔で四個所あり、四人の男女がつながれている。

いずれも、両二の腕と首に縄がかかり、後ろ手に縛られて坐っているが、うち二名の男女は左足首に木製の足枷《かせ》をかけられ、足枷にも鎖がついている。ほかに一名、木張りの床に縛られてうつ伏せになり呻吟《しんぎん》している男が描かれているが、この男は後ろ手に縛られ両脚を背中の方に曲げさせられ、両脚の栂指《おやゆび》を縛られて両手首の方に締めつけ、床にころがされている。まことに悲惨な光景であって、「大番屋留置」は一種の拷問ともいうべきである。

さらに一葉、「大番屋下調の図」が掲載されているが、同心らしい者が、三名の下男に命じて土間の荒莚《むしろ》のうえに引すえた男女を責めている図である。後ろ手に縛った両手の間に棒をさしこんで捻《ねじ》りあげて責めている。

このような「番所」や「大番屋」の訊問中の責めなどは、極めて当然のこととされ、拷問とは考えられていない。「大番屋留置き」から、いよいよ「白洲《しらす》（法廷）」に引き出され、吟味与力の取り調べが始まると、前述のように、本格的な責問が行なわれることになるわけである。責問「笞《むち》打ち責め」と、「石抱《いしだ》き責め」は、南北両奉行所内の白洲で行なわれたものである。

（註1）大番屋の数と場所に関する記録は、まことに少ない。江戸中に七ヶ所あったといわれている。前述の茅場町、材木町（三四の番屋という）、上野の大番屋が有名である。調べ番屋とよばれているのは八丁堀与力が大番屋に出張って調べるので調べ番屋といわれる。ここで罪状ありと認められると奉行所仮牢に移され、白洲で取り調べられるのである。

第四章　笞打《むちう》ち責め

青鬼赤鬼

南北両奉行所内の白洲で行なわれる責問である「笞打ち責め」は、奉行の命によって配下の与力が指揮して行なう。自白を書きとって自供書を作製する書役の同心、尋問役の同心、打ち役の同心二名、これが俗に「青鬼赤鬼」と陰口される責め役の同心である。ほかに下男三、四名と立合いの町医者一名が笞打ち責めをを行なう人的構成である。

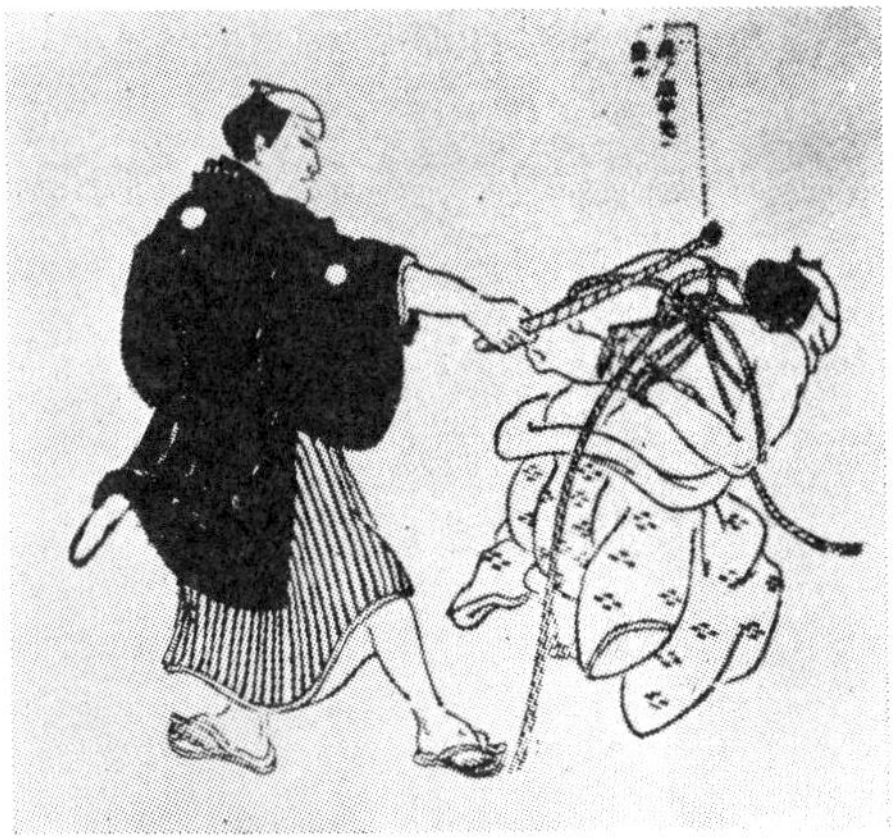

責問、笞打責めの図（『徳隣厳秘録』所載）

拷問すべき被疑者を白洲に引きだすと、吟味与力は、「その方儀、兼ねてより、おかみの温情をもって再三説諭せるも相用いず、証拠は歴然たるに身分不似合の心得にて公儀を恐れず申し陳ずる故、重々不届きにつき拷問すべしとの命をうけ今日役々が出張致した。すべからく身分柄をわきまえ、先非を悔いて有ていに白状の上、服罪いたせ」とことば荒く叱りつける。自白が得られないと立合い役に「最早や是非もなく拷問致さねばならぬが、方々御異存いかがでござろう」と型ばかりの会釈をし、笞打ちを命ずる。

いざ拷問となれば、身分や男女の差別はなく誰であっても同じ扱いである。

まず被疑者の縄をほどき足枷（ほだ）をつけた者は足枷をとりはずし、

両肌を脱がせて上半身を裸体にする。

太さ一寸五分廻り、長さ四尋《ひろ》半の苧縄《おなわ》をもって、首と両二の腕にまわした縄で両手首を後ろ手に縛り、肩の下まで引き上げて締め上げ、その縄尻を前後に分けて下男二名が引っぱり、被疑者を莚《むしろ》から引きおろして坐らせ身動きできぬように引きすえる。縛った両手首を肩の下まで引き上げるのは両の肩に肉をあつめて、打ちたたく場合骨を痛めぬようにとの用心である。

打ち役の同心、「青鬼赤鬼」が、「箒尻《ほうきじり》」を握って身構える。元来この打役は、冷酷残忍な性情の者でないと、とてもつとまらない。

責める被疑者に憐みを感じるようでは責められないし、役目がらとはいえ、永年やっていると嗜虐《しぎゃく》的になり、「おのれ国賊め、堪えられるなら、堪えて見よ」という職業的な意地から、力いっぱいに責めるようになる。

責められる側から見れば、なるほど、地獄の閻魔庁《えんまのちょう》で亡者を責めさいなむという「青鬼赤鬼」とも見えるであろう。

箒《ほうき》尻《じり》

「責め」に使用する打道具には弓の折れや、馬鞭や、ささら（竹の杖の半分以上を細く切りわったもの）などあるが、公刑の「笞打ち」に使用する打道具は、「箒尻」とよばれるものである。初期の拷責において、箒の柄を打道具として流用したところから、この名称があるものと推定される。江戸時代の「箒尻」は、長さ一尺九寸、廻り三寸ぐらいの竹を二つに割り合わせて麻苧で包み、そのうえを紙こよりで巻きかため、手元の握る部分五寸ほどを白革で巻いたものである。紙こよりの巻き方に口伝がある。

先端は麻苧が一寸から一寸二分、紙こよりを 巻いた先からはみ出さしてある。柄尻は六分はみ出す。

笞打ち責め

重さは大変に軽いが、長さといい手だまりといい非常に使いよいもので打ちたたくと大変にこたえる。

奉行所と牢屋敷で使用する「箒尻」は、穢多《えた》弾左衛門から献納するしきたりがあって毎年新調して納めてくるが、打役の同心は、製作が粗雑で、すぐ痛み使用できなくなると嫌って、各自手製の丈夫な「箒尻」を作って使用していたといわれる。

「笞打ち責め」の用意がととのい、第一の笞(註2)が振りおろされる直前でも、被疑者が「申しあげます」と屈服すれば、拷問を取り止める。

「笞打ち」は、被疑者一名に打役一名で責める場合もあり、一名を打役二名で左右から交互に打って責める場合もあった。

「かかれ」と与力の命令一下、下男二名は前後に縄先を強く引きしめ、被疑者が動けぬようにし、打役は力まかせに肩から背にかけて打ち続ける。「箒尻」は、ぴしりぴしりと肉に喰い入るように鋭い音をたて、打たれたところは見る見る真赤な筋になってはれあがっていく。大ていの者は、大声をあげて泣き叫び身をもがいて前後左右に暴れる。
二、三十回も打つと、皮肉は無残に破れて鮮血が迸《ほとばし》り出る。その間、訊問役は「あり体《てい》に吐いてしまえ、申さぬと責め殺すぞ」とことば荒く強迫する。あまり血が流れ出ると下男が傷口に砂を振りかけて血どめをして、さらに力いっぱい打ち続け、大たい百五十回から百六十回ぐらい打ち、それでも白状しない場合は笞打責めを終わり、つぎの責問に移行する。
「笞打ち責め」は、怒声と悲鳴が入りまじり、ぴしりぴしりと凄じい音と共に、念仏を唱えて苦痛をまぎらわせる者もあるし、お題目《だいもく》を唱え出す奴もあるが、こんなのは間もなく屈服して白状してしまうそうである。はじめから歯をくいしばってじっと堪えているようなのは、なかなか白状しないそうである。

女囚は責めにくい

白洲における吟味与力の追及は、きわめて峻烈であって、ことば鋭く、少しのたゆみも与えず、たたみかけて問い詰めていく。

大ていの囚人や被疑者は、しどろもどろになって押しきられ、「恐れ入りました」と屈服するのに、女の身で恐れ気もなく与力の訊問にも屈せず、拷問にかけられるような女性は、よほど気性のはげしい女か、海千山千のしたたかな莫連《ばくれん》女であるから、女囚は調べにくいもの、責めにくいものとされていた。

拷問ともなれば、男女のハンデキャップはないと前に述べたが、「お願いでございます。妾《わたし》は只今、月の障《さわ》りでございます。お許し願います」と申し立てると、その日の拷問は中止して牢に帰したと、伝えられる。思うにこれは女権を認めたのではなくて、跡始末が大変なので、その時期の拷問を取り止めたものと考えられる。

また、拷問中に女の太ももが露出すると一時責めを中止して裾をなおさせるという不文律があったので、女囚の中には笞打ちにかけると忽ち泣き叫んで、後方にのけぞり倒れて両脚をひろげて故意に太ももや恥部を露出して、たとえ暫くでも「拷責」の苦しさから逃れようとする不敵な女もある。

こんな女は、両膝を縛って「笞打ち責め」にかけたものである。

拷責の苦しみから糞尿が排泄されることもしばしばあるが、故意に排泄して、拷問を妨害する奴もある。

中には特異体質というのか、打たれると、癪《しゃく》を起こして、たちまち悶絶し仮死状態になる女もいたと伝えられるが、これは、拷問中止のトリックであると記録した文献もある。

ともかく、被虐には男性より女性の方が、はるかに強靱であることも手伝って、「女囚は責めにくい」という定説が生じたと推定される。

（註2）下に荒莚を敷き、太い青縄をもって高手小手に縛り上げて背中の肉を肩上に寄せあつめる。その肉の上を打つので、骨などに後遺症を残さない。二つの縄尻を前後に引き分けるのは囚人を動かせず倒れ伏させぬためである。

第五章　石抱き責め

風前の灯

「笞打ち責め」にかけても、ついに白状しなかった者は、「石抱き責め」にかける。

「石抱き責め」は、またの名を「十露盤《そろばん》責め」（算盤責め）とも呼ばれた。

まず両二の腕に廻した四尋《ひろ》半の苧縄をもって後ろ手に縛り、後述の「十露盤板」という坐り台を庇受柱の前に据えて、尻をまくってその台のうえに正坐させ、縄尻をもって柱にくくりつけて動けぬようにする。

このとき、少し反り気味になるよう体を引き据えておく。これは石を膝に積む場合、胸を圧迫せぬようにとの用心からである。

「十露盤板」という坐り台は、松材の長さ二尺巾三寸五分、三角形に削った真木五本を横に並べ、長さ一尺八寸五分、幅三寸、厚み一寸五分の貫《ぬき》三本をたてに、両端と中央部において打ちつけ脚とした、五つの鋭角をもつ、波型の台である。「十露盤板」の大きさは、長さ二尺、幅一尺八寸五分。

この台のうえに空すねで正坐させられるだけでも、角《かど》がすねに当たって苦痛を感じる。

吟味与力は、「いま自白すれば取り止めるが、どうだ。申し上げぬと石を抱かすぞ」と再三訊問し、自白がないと見るや、「石抱き責め」を命じる。この「責め石」は青白色のきめのこまかい水成岩で伊豆石と呼ばれる石を、長さ三尺、幅一尺、厚さ三寸に切り揃えたものが十枚備えてあり、一枚の重量十二貫前後である。

この「責め石」（註3）を、責め問いながら、一枚二枚三枚とひざの上に積み重ねていく。

三枚で四十貫近い重量を膝にかければ、算盤板の五つの角は、すねの肉にくいこみ、骨は砕けるように痛む。囚人の全身から脂汗が玉をなして吹き出し悲鳴も号泣もやがて、絶え絶えの喘ぎに変わっていく。

苦痛をいやがうえにも増大させるために、下男が二人がかりで石をゆさぶり、「さあ、どうだ、どうだ、はいてしまえ、申し上げろ」と責めたてる。箒尻で打ちたたくこともあるが、自白が取れなければ、さらに石を積み、四枚、五枚となると大体あごのあたりまでくる。五枚、六枚と「責め石」の数が増すと、いかに体力のあるものでも、剛胆な悪党でも、全身蒼白に青ざめてゆき、鼻口から血泡をふき出し、意識はもうろうとして混迷状態に陥《おちい》り、捻り声に似たいびきをかき仮死状態になり、やがて悶絶してしまう。

注意深く見守っている立会いの町医師は、絶命しないように、その寸前に合図して拷責を中止させるわけであるが、その度合は、まず囚人の足先からだんだん血の色が引いて蒼白になってゆき、股から腰にかけて青白く変色してくる。そして、それが腹部にかかると最早危険状態で、生命は風前にゆれる灯火というところで、拷責の限度であるといわれている。

しかし往々、誤って責め殺してしまうこともあったが、責め殺しても報告さえすれば、役人にはなんら咎めはなく、殺され損で落着する。「拷責」にかけられる者は、人殺しや火附や、盗賊など重罪の者であり、どうせ死刑に処せられる者でもあり、自白せぬ方が悪いというわけである。

「石抱き責め」の間に気絶すると、石をとり除き、縄をとき、医師が気付けの薬と冷水を与え蘇生させて、「もっこ」にかつぎのせて牢に帰し、日を改めてさらに責問を繰り返す。

責問、石抱責めの図（『徳隣厳秘録』所載）

石抱き責め

「拷責」の時間には制限がなく、回数にも制限がない。自白するまで、気絶するまで、何十回でも何年でも繰り返して行なう。

責めの間に、屈服して「恐れ入りました。残らず申し上げます」と自白する態になれば、責めを中止して、自白を詳しく書留めて白状書を作製し、本人の拇印、花押、印判で証印させ取り調べを終わる。

責められる苦痛から一時でも逃れたいので、「申し上げます」といって責めを中止させ、白状書作製の段取りに至ってまた、自白をひるがえし、責めにかけられることも、しばしばあったそうである。

「責め石」を十枚積んで責めたが白状しなかったという例も、文献に二、三見られるが、十枚の重量は百二、三十貫となる、まことに驚くべきことである。

先ごろ、学研映画で「裁判」という教育映画を撮影し、その時代考証を、笹間良彦氏と著者が担当し、「笞打ち」、「石抱き」、「海老責め」などの場面を世田谷の学研映画スタジオで撮影した。責問拷問の撮影が進行していくと、スタジオ内には異様な雰囲気がみなぎり、俳優もカメラマンも一様に殺気立っていった。「石抱き」、「海老責め」となると、責める方も、責められる方も、真冬の真夜中であるにかかわらず、汗ばむような熱演となった。ライトに浮びあがった被虐者の喘ぎとしたたる玉の汗は、俳優の好演によって真に迫る拷問場面を現出した。まことに凄惨な光景で、教育映画としては、ぎりぎりの線までで、あとはカットされた。

さらに「釣るし責め」をという著者の申し出を、あまり凄惨であるからやめましょうと監督が取り止めたことによっても、いかに惨酷感が強烈であったかを想像されたい。

おだてともっこ

江戸時代の俚諺に「おだてともっこ（畚）には乗るな」というのがある。

人のおだてるのにうっかりのると後でひどい目にあうし、畚《もっこ》に乗るようになればもう万事おしまいであるから畚には乗るなという意味であるが、この畚は囚人を乗せる畚の意である。現代の若い方は畚を御存知ないかもしれないが、畚は本来は、土を運ぶもので、四角の荒莚の四すみから二本の太縄をつけて莚に土を盛って、二本の縄を棒に通して二人でかつぎ運ぶ用具である。

『牢獄秘録』は、江戸中期の発禁文書であろうと推定されるが、この文献中に、「お呼び出しの事」という条があって〈もっこ〉のことが記録してある。

一、御呼出しの時は、揚り屋の者は小手をゆるめ縛り、大牢、二間牢、女牢の者は、後ろ手に縛り「もっこ」にのせいづる。

本役加役の呼出しは、只しばり候ばかりにて歩かせ行く。尤も遠島死罪は、本役加役にても「もっこ」に乗せる。しかも「ほだ」をかけ「もっこ」にのせるは余程の重罪人なり。片ほだにて呼出し候も有之、両ほだにて

病囚護送の図（“おだてと畚には乗りたくない”の畚は、病囚が溜へ下げられたり、身体の利かぬ罪人で奉行所へ連行されるときに乗るもの）

呼出すも有之、（ほだ）のままにて「もっこ」にのせ、この「ほだ」をば着物の裾にてかくしてもらう。これかつぎ候乞食、又は横目のものに頼みて、かくしてもらう事也。（以上原文のまま）

「ほだ」というのは、足枷《あしかせ》（木製）のことである。足枷を裾で隠してもらうのにはもちろん、賄賂《わいろ》をつかって頼むのである。

お白洲への呼び出しの往復は、以上のようであるが、拷責で精魂つきはてて身動きもできないくらい、ぐったりとなっている囚人を牢に帰す場合は、畚に乗せて運ぶ。囚人を運ぶ「もっこ」は荒縄を編み合わせた四尺四角の網の四すみから、二筋の太縄のつり手をつけ、縛ったままの囚人を乗せ、青竹の太いのを通して二人の非人が担ぎ運び、おろす時など荷物か土のように、ほうり出したそうである。畚は病囚を「溜（ため）」に運ぶときにも使用された。「溜」とは、病人専用の収容所である。（二十六章に詳細）

奉行所から牢屋敷へ依頼

お白洲で「笞打ち」と「石抱き」の責問にかけても、科人の自白が得られなかった場合は、奉行所に自白させるだけの腕がないか、あるいは真犯人でない者を責めているか、二つに一つなのであるから、なんとしても責めおとして白状させ服罪させたいのであるが、どうしても白状しない場合はよんどころなく、老中に拷問を願い出る。そして老中が拷問を許可するのは、真犯人に違いないが自白しない、そして罪状が死罪以上の科人である場合に限り許可する。

老中の拷問許可がとれると、町奉行所詮議掛の与力同心が小伝馬町牢屋敷に出張して、牢獄の長、石出帯刀《たてわき》にその旨を告げ、牢屋同心に命じて所断させたが、延享二年改めて石出帯刀の加役となり、これ以降、科人《とがにん》の犯罪に関する証拠を詳しく記録して帯刀に送り拷問を請求し、奉行所の与力同心は立会いとして拷問の席に臨場するが、傍《そば》から口を差しはさむことは許されない。拷問が終われば帯刀の復命書を持ち帰って奉行に報告する。

牢屋敷内の法廷は、「穿鑿所《せんさくしょ》」と呼ばれるもので、その庭は、やはり「白洲」と呼ばれた。この「白洲」の板塀のきわに、拷問用具の太縄、箒尻、算盤板、伊豆石などが並べられていて、引き出された囚人の胆を冷させる。

牢屋敷内「穿鑿所」の責めは、奉行所のものより一層きびしく惨酷であったと推定される。

訊問の後、満足すべき自白が得られないと「笞打ち」、「石抱き」の順に責め、つぎに拷問、「海老責め」と「釣し責め」に取りかかる。

近ごろの映画や「テレビ」で拷問の場面をたびたび見かけるが、拷責場所の設定がどうもはっきりしない。奉行所か、牢屋敷か、侍屋敷か、わからぬ場所で行なっている。江戸時代は、ことに制度、様式のやかましい時代であるから、でたらめな場所で、でたらめなことをやるはずはない。

（註3）石抱き責めの「責め石」で、当時使用されたと信じられるものはほとんどないが、東京司法研修所の倉庫内に保存されている伊豆石の抱石は本物であろうと思われる。但し、大きさが少々小さい。あるいは女性用の抱石であったかもしれない。

第六章　海老《えび》責め

「塗り籠《ご》め」の拷問蔵《ぐら》

江戸小伝馬町牢屋敷内に、二間に三間の漆喰塗り籠めの厚い壁に囲まれ、入口の一つしかない陰惨な小部屋があった。これが囚人たちの恐怖の的である「拷問蔵」である。

厚い扉をたてきってしまえば、泣き声も悲鳴も外部には一切もれない。

公刑の拷問である「海老責め」と「釣るし責め」は、この「拷問蔵」の中で行なわれた。

「海老責め」は一名「箱責め」とも呼ばれた。

背を曲げ、縛りしめつけた形が、ちょうど海老に似ているのでこの名称で呼ばれた。

「海老責め」の方法は、まず、もろ肌を脱がせ、両腕を後ろに廻させ、手首を後ろ手に縛り、両膝を十分にひらかせ、足首で交叉させて足首を縛り、後ろ手を縛った青細引きの縄先二筋を両肩から前に廻して両すねを一めぐりさせて、力まかせに引き上げ締めつけ、縛った両足首とあごが密着するまで体が曲るようにする。縛られた両ひじは、両膝に密着するわけである。この体勢のまま放置する。苦痛を増大させるために、「箒尻」で打ち続けることもある。無理な姿勢なので、始め

拷問、海老責めの図（『徳隣厳秘録』所載）

海老責め（塗り籠めの拷問蔵内の海老責め）

はともかく、時間がたつと除々に苦痛が増大してゆき、非常に苦しむ惨酷な拷問である。

蒼白くなると危い

この「海老責め(註4)」は全身の血行障害を起こし、動きもがくこともできないし、痛みをまぎらす方法も全くない。

縛って三十分以上経過すると、全身はうっ血で真赤になり、脂汗を吹きだし、意識が混濁してくる。一時間も経過すると全身が気味悪い紫色に変色し、さらに時間がたつと暗蒼色になっていく。血管はふくれあがり、呼吸は不規則になり、やがて口や鼻から血潮が、とめどなく流れしたたり仮死状態になる。

立ち会いの医師は死の一歩手前、ぎりぎりの線まで待ち、拷問の中止を申し出る。

気絶すれば、薬と水を与え蘇生させて牢にかえす。絶命しても、役人や医師には何の咎めも責任もない。しかし記録によると、これまで堪えた者は、ほとんど無かったといわれている。

（註4）後述する（50頁）殺人容疑者、福井かねの弾正台における拷問は、この「海老責め」が頻繁に行われたといわれている。懐妊中の美女、福井かねは、釈放と同時に、結婚生活に入り天寿をまっとうしたという。

第七章　釣るし責め

梁《はり》の鉄環

「海老責め」の拷苦にも堪えぬいて自白をしない者には、次の拷問である「釣るし責め（註5）」を行なう。

前述の「拷問蔵」の内部、天井の梁に頑丈な鉄の環がからくり止めに取りつけてある。

また角柱の一面、天井から一尺下のところと床から一尺上のところに鉄製菱形の座金を打って、丈夫な鉄製の丸環が一個ずつ取りつけられている。拷問にかける前に、訊問役は囚人に対して「有体《ありてい》に残らず吐いてしまえ。申し上げぬと痛めつけるぞ」と再三申しきかし、白状しないと見ると「釣るし責め」を命じる。

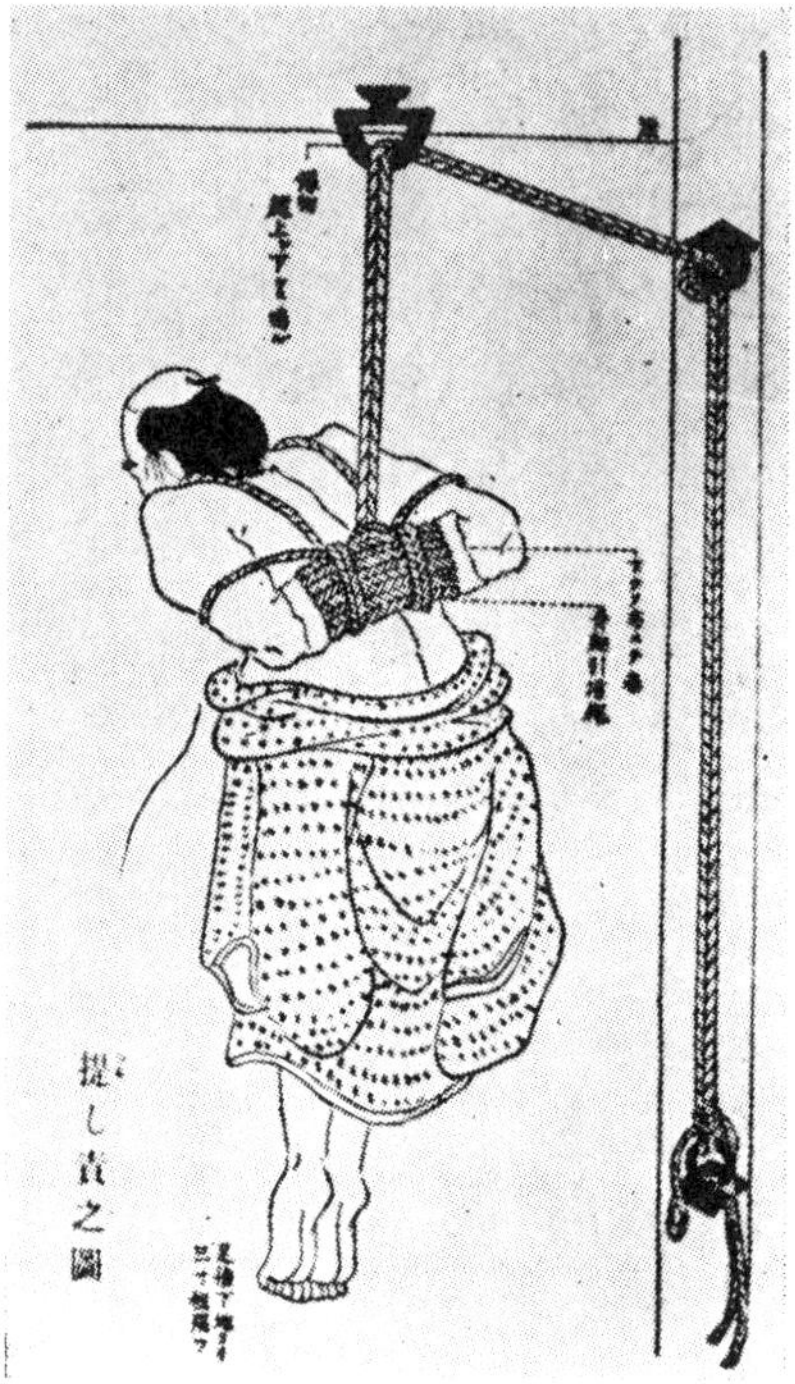

拷問釣るし責め（『徳隣厳秘録』所載）

まず囚人のもろ肌を脱がせ、両腕を後ろに廻させ、両掌を両ひじのあたりになるよう深く交叉させ、重ねた一の腕を半紙一帖で巻き、その上を六尺の太縄を折り畳んで増縄として包み、一寸五分廻り長さ二十四尺の青細引きを、首と両腕に廻し、二重にして増縄の上から二ヶ所縛り固め、縄先を梁の鉄環に通しさらに柱の上の環に通し囚人を釣り下げ、爪先きを床から三寸六分ぐらい離れるように釣り上げ、縄先を柱下の環に結びとめる。この場合も時間が経つにしたがい、細引きが皮肉に喰いこみ、血行障害を起こし非常に苦しむという。

釣るしただけで白状しないと、打役二名が箒尻で、肩、臀《しり》、太股を力いっぱい打ちたたいて訊問する。釣るされた囚人が身をもがくたび、梁の鉄環のからくりがきしんで、乾いた不気味な音をたてて鳴り響いたといわれる。

二、三時間も責められると、足の爪先きから血潮がしたたりおちることもあった。

拷問中でも白状するとすぐ中止して、その場で白状書を作り、本人に読みきかせて、拇印、捺印させる。侍の場合は本人の自署を命じるが、拷問直後は自分で筆をとれる者はほとんどいなかったといわれる。この場合は拇印だけ押させる。

自白も、栂印もほとんど無意識状態のうちに行なわれることが多かったものと推定される。

親切な注意書

古文献中、「釣るし責め」に関しての記録や逸話の中に、一つ奇妙な注意書がある。

女囚を「釣るし責め」にかけ場合、気を付けないと小水(尿)を掛けられる恐れがあるから用心をするようにという後進者に対する、親切な注意書である。

苦しみが極限に達すると、意志に反して思わず大小便がもれることは有りうることで、拷責中にも時折そうしたことがあったのであらうが、よく考えてみると前述の注意書は、ちょっと面白い推定材料となる。

女囚を釣るし責めにして責めている絵のほとんどが、着衣の上から後ろ手に縛っているし、むろん着物を裾長く着ている。裾は乱れていても内ももは見えない。江戸時代の責め(公刑の場合)で、女囚の太ももが見えたときは責問

釣るし責め（女性は裾の乱れを防ぐために足首をしばる）

はすぐ中止すると、はっきり記録してあるから当然であろう。着物を裾長に着ているとすると、前述の注意書はたいへん妙な言い草である。たとえ放尿しても、両側や前後に立っている責め役に掛かるはずがない。

釣るし方は床から、わずかに三寸六分ほど爪先が離れるくらいであることを思い出してほしい。

決して頭上高く囚人を釣るしているわけではない。万一掛かるようであれば、内ももまで露出している状態にあるわけで、はなはだ不都合なことである。推定を一歩推し進めてみると、「拷問蔵」は世の中から隔絶された密室であるし、人権、ことに女権の無視された封建時代でもあり、あくまで自白しない女囚を責める場合など、その差恥心と苦痛の二本立てで責めるため、あるいは全裸にして釣るし責めにかけたこともあったのではないか、とも疑われる。

真疑は今後の研究にまたねばならぬが、万一この推定がありえたことならば、まことに行き届いた親切な注意書であるといわねばなるまい。

天領の「拷責」と地方の「拷責」

「天領」というのは、地方にある幕府の直轄の領地で、代官所をおき代官が行政警察権をもって支配している処であるから、「天領」（代官領）における「拷責」は、幕府公事方勘定奉行に許可申請をして許可があれば拷問する。

拷問方法は、大体幕府の規定によって行なったと伝えられる。地方各藩においても、大たい江戸幕府の規定にしたがって行なったが、各地方に残る手控えや伝説逸話によると、種々異なった方法の拷問を行なっていたと推定される。

「拷責」の功罪

江戸時代の裁判は、原則として自白裁判であって、認定裁判や証拠裁判は許されなかった。たとえ証拠や証人があっても、本人が「恐れ入りました。私が犯人でございます」といわねば断罪できなかった。ただし軽い罪状の場合は、認定裁判や証拠裁判もあったが、死罪以上の重罪の場合は、絶対に本人の自白が必要であった。

このため、口を割らない者には手段をつくし、拷問にかけても、あくまで自白を強要するということになってしまった。

この結果は、果たしてどうであったか。極悪非道の者でも豪胆な者は、口さえ割らなければ断罪されぬのであるから、少々拷問せられても知らぬ存ぜぬと逃げをはり、気の弱い善人は拷問の恐ろしさと苦痛にありもしない自白をして、断罪されるというようなことも多かったのではないかと推定される。

現代の裁判や取り調べと比較してなんという違いであろう。

天保年間より明治中期まで、小塚原回向院の院主であった川口厳孝翁は「犯罪死に至るまで甚しからず、あるひは無辜《むこ》冤罪《えんざい》にして刑りくにかかりし者亦決して少なからずとす彼《か》の幕府の末年に牢死せしとて此原中に埋められし者等には実に聞くに忍びざる憐《あわれ》むべき者、甚だ多かりしなり」と、『徳川幕府刑事図譜』「序」の中に記述している。

（註5）公刑の釣るし責めも、私刑の釣るしとなると全く異る。元治元年六月五日、新選組に逮捕された古高俊太郎は逆さ釣りにされ、五寸釘を足の甲から打ちこまれ、足裏に出た釘先きに百匁蝋燭を立てて点火し、責め立てられた。半刻の後、古高は遂に屈服して陰謀をすべて自白した。その結果「池田屋事件」が起ったのである。

第八章　牢内の拷問対策

四十四回の拷問

自白すれば死刑に処せられることは判りきっているのに、普通の人間ならひとたまりもなく拷問の苦痛に屈服して身に覚えのない自白をしてしまうくらいの惨酷な拷問に堪えぬいて、上役人達を手こずらせた驚くべき記録が幾つも残っている。

天保七年、播州無宿、入墨吉五郎という男が、強盗を働いた疑いで、北町奉行所配下の廻り方同心に捕縛された。榊原主計頭の係りで取り調べを開始し、厳しく訊問したが、どうしても白状しない。

証人、証拠がはっきりしているので、なんとかして口を割らせようと「笞打ち」、「石抱き」と責めたてたが、知らぬ存ぜぬの一点ばり、絶対に口を割らない。責めあぐんで老中の許可をとり、牢屋敷に拷問を依頼して、天保七年から始めて天保九年四月まで、一年九ヶ月間に、「笞打ち責め」十五回、「石抱き責め」二十五回、「海老責め」二回、「釣るし責め」二回、合計すると四十四回の拷問にかけて責めたくったが、美事に？　堪えぬいて、ついに白状しなかった。

もっとも、初めから吉五郎がこのような「しぶとい」囚人であろうとは、奉行所責め役も思ってはいなかった。「石抱き責め」にかけた第一回の場合は、責め石五枚を積まれても自白せず気絶してしまった。しかるに、終わりのころになると、だんだん抵抗力を増して、天保九年三月二日の「石抱き責め」の場合など、「責め石」十枚、約百二、三十貫を膝に積まれ、石がずれおちぬように二ヶ所に縄をかけ、左右から石をゆすぶって責めたてたが、ついに口を割らなかったというように、責めれば責めるほど、抵抗力を増した。困りはてた上役人は、拷問の経過を詳述して老中に伺いをたて指示を仰ぎ、ついに本人の白状書なしで「察斗《さっと》詰《づ》め」という特別な扱いで、吉五郎の死刑を宣告したと記録が残っている。

入墨吉五郎を男性拷問耐久記録保持者のナンバー・ワンとすれば、女性ナンバー・ワンは、広沢参議暗殺事件の容疑者で美貌の女性、福井かね、をあげなければなるまい。

牢内の拷問対策（入墨吉五郎の拷問レコードホルダー）

美女福井かねの記録

明治四年正月九日の早朝、東京麹町の自邸で就寝中の参議、広沢真臣は血の海の中に惨殺屍体となって横たわっていた。

新政府の高官暗殺という大事件に刑部省関係者は必死の捜査を開始したが、その結果、参議は同夜、愛妾である福井かねと枕を並べて就寝したことが立証されただけで捜査は行き詰まった。

屍体の切創が数ヶ所(註6)あるところから見ても、犯人は女性ではないかという見方もあり、福井かねは最有力容疑者として、小伝馬町牢屋敷に拘引され、真犯人か、手引きをしたか厳しい取り調べをうけた。

かねはこのとき、妊娠中であったが、容赦なく連日連夜問いつめても自白が取れないので、もはやこれまでと拷問にかけて白状させる以外に方法がなくなった。

このころの拷問は江戸時代の拷問と変わりはない。江戸時代より一層苛酷であったかもしれない。なにしろ維新直後の殺伐な気風の時代でもあり、明治四年十月、明治五年三月の警察官募集の際に志願して拝命した連中は旧薩摩武士と旧水戸武士が多く、気の荒い血の気の多い者が多かったことから推定しても、相当手荒く責めたであろうと思う。

ところが驚いたことには、福井かねはあらゆる拷問にかけられ責め問われても、どうしても口を割らない。「かね拷問の図」は数種見たことがあるが、「釣るし責め」にされ鞭打たれているかたわらに、詰襟洋服姿の上役人が椅子によって拷問を指揮している凄惨な光景が多い。

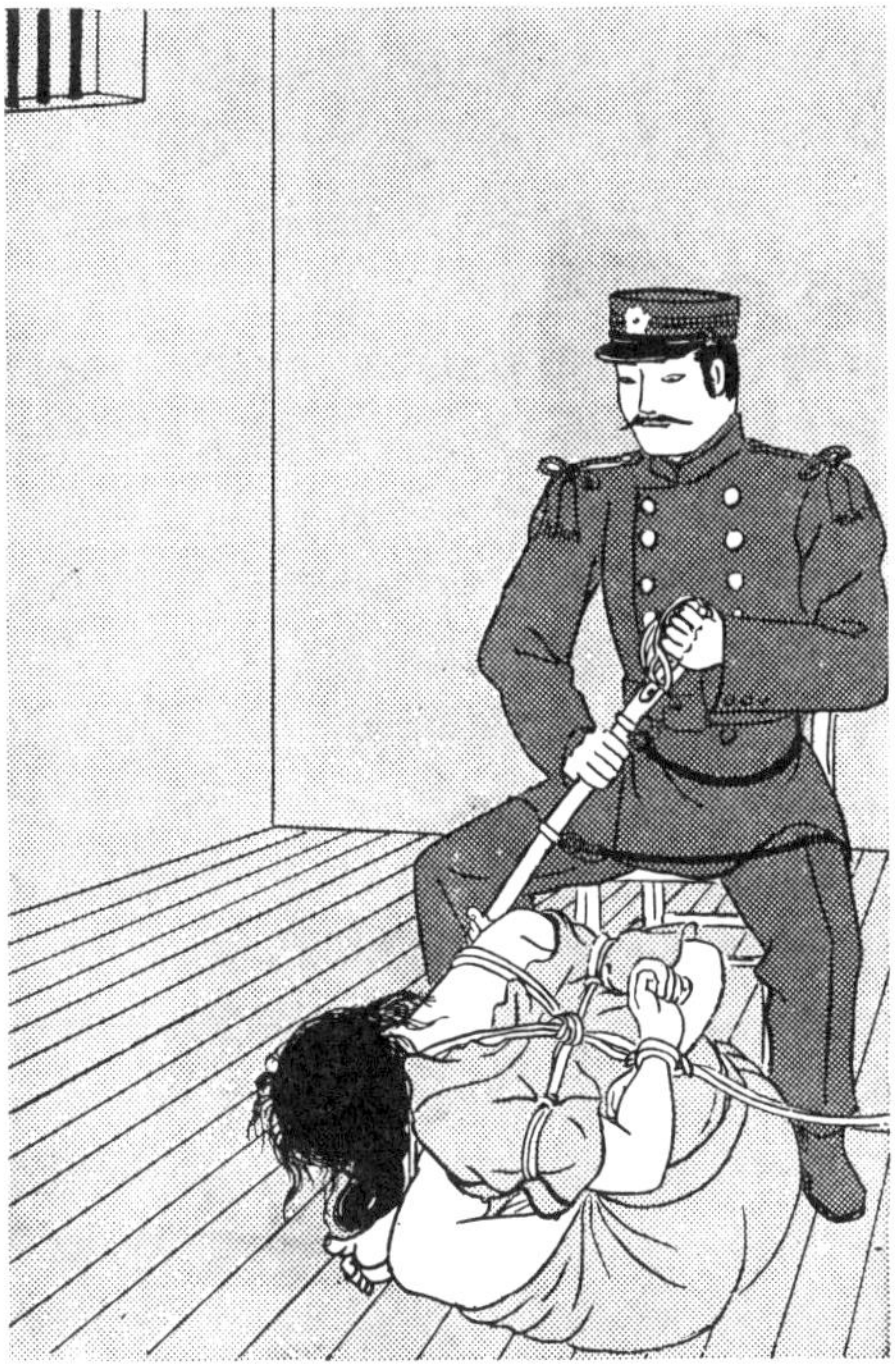

牢内の拷問対策（5年間拷問に堪えて女振りを上げた福井かね）

明治四年正月から、明治八年七月までの、四年七ヶ月の間、拷問の全課程を数十回繰り返して責めたてたが、ついに自白せずに終わった。かねは証拠不十分として、ついに釈放された。唯一の容疑者かねの釈放によって広沢事件は迷宮入りとなり、参議殺害の真犯人は果たして誰であるか、永遠の謎として今日に至っている。

かねが女性の身で、当時の苛酷な拷問に堪え、四年余りの牢獄生活を克服した驚異の記録は、彼女が異常体質ではなかったかと推定されるし、あるいは被虐を好む「マゾヒスト」ではなかったかと推定している。

悪党の面子にかけて

前述のように拷問に堪えるということは、本人の体力と精神力によるのはもちろんであるが、牢内における拷問対策の指導と訓練と牢囚全体の応援協力が、あずかって力があった。徳川時代の牢獄は、「拷問対策研究所」であり、拷問に対する抵抗方法の教授所でもあったわけである。

牢内の囚人が、拷問にかけられても白状しないことを決心すると、牢内古参の者で拷問の経験者に決心を打ちあけて相談する。

牢名主はじめ牢内役付の囚人たちは、その心がけを賞して、各自の体験から会得した拷問に堪える種々な方法、たとえば、縛られる際はこうして縛られると楽であるとか、算盤板に座らせられる際はこうすれば痛みが少ないとか、この場合はこの「トリック」を使えとか、少しでも楽な永もちのする呼吸法とかいった方法を教えて訓練させる。方法の教授だけでなく精神面の訓練も行ない、「悪党の面子《めんつ》にかけても絶対に口を割るな、万が一、責め殺されても回向は牢内一同でしてやる。もし屈伏して泥を吐くような意気地のない奴であれば、誰も相手にせぬからそう思え」というような精神教育を施しておく。

今日は誰々が拷問にかけられるという連絡は、日ごろから賄賂を与えて牢内と外部の連絡機関である牢番などから、ひそかに牢内にもたらせられるから、「御呼び出し」の前に、一同で本人をはげまし、「いかように責められても決して口を割るな」と、さながら、代表選手を送り出すような意気込みで送りだす。

呼び出しの直前、牢内に貯えてある梅干の肉を口中に含ませてやる。これは拷問中に咽喉《のど》が乾かず呼吸を補って永もちさせる効力があるといわれる。役人、責め役もこのことは知っていても別に咎めなかったといわれるが、殺すことが目的ではないのであるし、被疑者であるし、「堪えられるものなら、美事堪えて見よ」という責め役の意地から、あえて問題にしなかったのであろう。

このように、たとえ責め殺されようと、男の意地、悪党の面目にかけても白状するものかと、異常な決意をかためて出て行くのであるから、役人が声を荒くいくら訊問しても、てんで耳に入らず、ただ口を割るまいと必死になって堪え忍ぶのである。

とにもかくにも拷問が終わって、半死半生の態で牢に運びこまれると、囚人一同で、牢口まで出迎えて本人を受け取り畳の上に横たえ、まず「白状したか、しなかったか」を問いただす。もし自白して来たとわかると、もう誰も相手にせず、牢内の片すみにほうり出して放置しておく。白状した者は死刑は免れないのであるし、悪党の風上にもおけない意気地のない奴と牢内一同に白い眼で見られるわけである。

拷問に堪えて白状しないで帰って来た者は、一同の賞賛の的となり、手厚く介抱してやる。まず全裸にして、はれあがった全身に酢または酒（牢内では貴重なものである）を吹きかけて、手とり足とり揉みやわらげて綿のようにして筋肉のしこりをとってやる。

本人は痛がってひいひい泣き叫ぶのもかまわず、もみほぐしていく。このようにすると全身の痛みも早くとれ、筋肉も骨格も益々丈夫になる。

破れた傷口は酒で洗い金創をぬり、一同で親身な世話をしてやる。こうして筋肉も骨格も皮膚も、精神力も、回数のかさなる度に強靱になってゆき、拷問に対する抵抗力はますます増大していく。

牢獄内はこのように一致団結して親身なところもあるが、反対に階級制度や厳しいしきたりで統制されていて、手痛い拷問や私刑《りんち》や暗殺が、公然と行なわれた恐ろしい場所でもあった。牢獄のしきたり、牢内の暗殺などに関しては、牢獄の条で詳述するので、次章では牢内の私刑の拷問についてのみ述べる。

（註6）東京司法研修所の倉庫内に、広沢参議の屍体の傷跡を正確に再現した一個の人形が、箱入りになって保存してある。本来なら現場写真と屍体の写真を撮るべきであるが、当時としては、急に実現できなかったので人形師を現場に呼び寄せて、スケッチをさせ、人形に傷跡を正確につけさせて後の証拠としたのである。

第九章　牢内私刑《りんち》の拷問

恐ろしい暗い処

江戸時代の牢獄内は、不文律として自治制が敷かれていて、牢名主以下十数名の役付囚人が睨みをきかして統制を保っていた。

牢役人たちは、保身と役得の賄賂かせぎに汲々たるありさまで、牢内の出来事には無関心を装い、大ていのことは見ぬふりをして見逃して来たものである。

牢内の統制を乱せばもちろん、邪魔になる行為があったり、憎まれたりすると、同囚たちから手痛い私刑の拷問を受けなければならぬ。もし役人に訴えれば暗殺され病死として扱われるし、役人はそんな訴えは全然取り上げてくれない。

「新入り」は何の理由もなく「焼きを入れる」という意味合いで、まず「極め板」と呼ばれる分厚い長さ二尺、幅五寸の板片でしたたか撲《なぐ》りつけられる。

悶っ引きや手先きや密告者が入牢した場合など、まず牢内で生命がなくなるものと覚悟しなくてはならない。

「極め板」で撲ったり、袋たたきにすることは、牢内の私刑では日常茶飯事で、食事を取りあげて絶食させたり、塩を口に押し込んで苦しめたりしたそうである。

牢役人たちに憎まれると、公式の拷問ではなく私刑の拷問にかけられ、生命の危険にさらされる。この「リンチ」は、公式の記録にも残っているくらいであるから、たびたび行なわれたものではないかと推定される。

牢内私刑と拷問

その一例としては、入牢中の囚人で無宿者市五郎が、町奉行の牢屋見廻りの際、囚人一同を代表して、牢屋同心などが、囚人一名の一日量の米から、一合ずつ「ぴんはね」をして取り込むため、囚人の飯米の量が極めて少ないことを訴え出たことを、牢役人に憎まれて「リンチ」を受けたのである。市五郎は全裸にされて下帯で縛り上げられ、「極め板」で長時間撲られて、ほとんど半死半生にされた。

牢役人たちはさらに、皮肉の破れた市五郎の背中に塩を塗り、水をふりかけて、苦痛をはげしくさせて一晩そのままにしておいたと記録してある。その際、強訴の一味とにらまれた同囚の者十四名も、それぞれ手痛い私刑をうけたそうである。

この私刑は、記録によると「相盛り責」にかけたといわれているが、「相盛り責」とはいかなる様式の責めであるか、未だ研究不十分ではっきりしない。

『牢獄秘録』に見る牢内のリンチは次の七種である。

茶　樽――水桶を二人で持ち上げ、伏した背中におとす。

汁　留――数日の間、汁物その他の塩気を与えぬ。

落　間――落間に昼夜立たせておく。寒中は四斗樽の水中につける。

御馳走——大小便をたべさす。
ぬかみそを身体中に塗って着物を着せておく。腫物になるという。
つめぶた——便器のふたで二の腕を強打する。
極め板——二尺に五寸の板片で背を乱打する。

第十章　嗜虐の牢名主・花鳥

恐怖の名主いたわり

天保十二年十一月二十七日の夜、江戸の娘義太夫三十六名は、風俗を紊《みだ》すものであるという理由で、寄席の楽屋や自宅で御召し捕りになり、即日伝馬町の女牢に投獄された。

彼女らの年齢は十五、六才から二十二、三才まで、いずれも娘盛りの美女であった。

地獄の底のように陰惨な女牢に、おののき震えて小さくなっている三十六名の娘は、さながら百花が一時にひらいたような不思議な色香をただよわせた。

当時、女牢の牢名主であったのが、講談や芝居にもなったほどのしたたかもの、大阪屋花鳥という花魁《おいらん》あがりの莫蓮女《ばくれん》であった。

花鳥は後に、「火附」、「盗賊」、「島抜け」、「人殺し」という四つの罪状で、「引廻し」のうえ「獄門」にかけられたが、女牢の牢名主として貫録十分な女囚であった(註7)。

花鳥は残忍嗜虐の異常性格者であるうえ、永い牢獄住いで、閉ざされた性欲にもだえている状態であった。

投獄されてきた美少女たちを見逃すはずがない。はたして、夜ごと夜ごと、「名主いたわり」と称して若い美しいのから順次一名ずつ選び出して夜の伽《とぎ》を命じ、淫靡の限りをつくして変態的な快楽にふけった。

娘たちは泣きながらも、恐ろしさに、なすがままにまかせ、この「名主いたわり」は、入牢中の百余日毎夜続けられた。

恐怖の名主いたわり（嗜虐の牢名主花鳥）

鰻丼一杯小判一枚

娘義太夫三十六名は天保十三年三月、正業につくことを誓って釈放された。

百二十日間の入牢が懲戒処分というわけであった。釈放された娘義太夫たちは夜ごとの「名主いたわり」に、生きた心地もないくらい恐れおののいたと述懐したが、花鳥の愛撫に堪えるとその翌日、きっと鰻飯を牢外から泌かに持ちこませて、当人に振るまったそうである。

今でこそ鰻飯くらいというが、当時は鰻を食べるのはぜいたくの一つであったし、娑婆《しゃば》では六百文ぐらいの鰻丼でも、牢内に取り寄せるためには牢番たちに賄賂をつかい釣銭もくれてやるくらいにしないと頼めないから、大体鰻丼一杯が一両ぐらいの高いものになる。一両を現代の六千円ぐらいと換算すると百日間で百杯、六十万円を鰻丼につかったことになる。花鳥はよほどの「つる」（牢外からひそかに持ちこんだ隠し金をつるという）を持っていたものと見える。

（註7）女牢名主、大阪屋花鳥は、本名は婦佐。新吉原江戸町二丁目の遊女屋抱え遊女で文政十一年放火の罪により十五才で八丈島送りとなった。天保九年七月三日、花鳥は二十五才になっていて、他に喜三郎、茂八、常太郎、久兵衛、万吉、久兵衛の七名で小舟を盗み、島抜けを企てた。途中嵐に出会い六日目の七月九日、花鳥、喜三郎と他一名だけ鹿島郡荒野浜に打ちあげられ、後に江戸で捕縛され入牢、引廻しの上斬首。引廻しに花魁の盛装で臨んだという。

第十一章　女囚の懐妊《かいにん》

相手は判明致さず候

女牢における女囚の貞操は、同性愛以外にも風前の灯といった状態ではなかったかと想像される。ことがことだけに記録に残っているものは少ないが、記録がないことはない。

『政談秘書』の中に、終身刑に処せられた未亡人の女囚が、牢内で妊娠したことが記録されていて、懐妊させた相手はわからなかったとしてあるが、女囚を自由にできる男は、牢奉行をはじめとし、その配下の者数人に限られていて、調べれば判明致さず候などということはないはずである。つぎに『政談秘書』のその一節を簡単に抜き書きしておくこととする。

其身後家にて罪之れ有り、永牢申し付け候処、右後家懐妊の儀相聞え候。

御家は永牢は三月に申し付け、又懐妊は六月に到り相分り候。尤《もっと》も相手のものは相知れ申さず候。

文化十二丑年六月十日。

坐禅ころがし

当時の秘密出版物に、牢番が女囚を犯す方法の一つとして、「坐禅ころがし」というのが記載されている。

これは、女囚を裸にして後ろ手に縛りあげ坐禅を組ませる。

女囚の懐妊（相手は判明致さず候）

坐禅というのは、左の太もものうえに右の足先をのせ、さらに右の太もものうえに左の足先をのせる方法で、両膝が十分にひらき、組んだ足は、手を使わなければ外すことができない。

こうしておいて前方につき転がすと、両膝頭《ひざがしら》と顔の三点で支えられて臀部が高くあがり、動くことも左右に転がり逃《のが》れることもできない。

後方から誰になにをされても、どうすることもできないし、顔を見ることもできない。古文献には、古代中国では、女囚はほとんど「なぐさみもの」にされたが、本邦ではその事実はないと立派に言い切っているが、「坐禅ころがし」などの記録が残っているところを見ると、いかがなものであろうか。

挿話　大宮無宿大次郎は牢名主で、呼び出しのとき女牢の前で待たされている間に、入牢中の白銀台町の葉煙草屋の女房を見染め夫婦約束をした。この女は湯屋で衣類を盗み入牢中であった。女房が先に牢を出たので、大次郎は脱獄を計った。病気と申したて、品川の溜に移されることになり、途中脱走し女を連れて甲州に逃げたが二人とも捕えられた。大次郎は再度、格子を切って破牢しかけたが、大次郎も女も死罪となった。

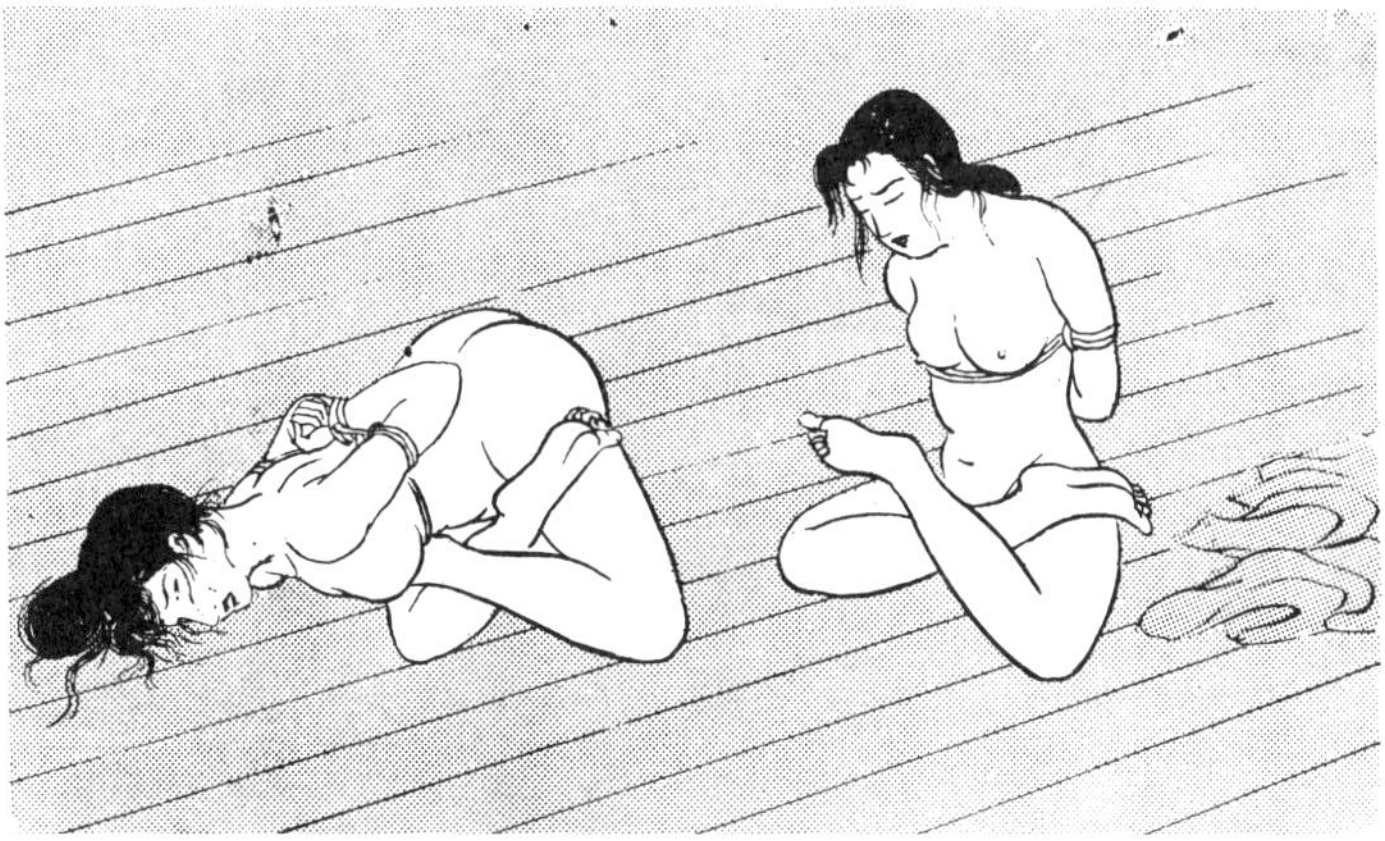

座禅ころがし

第十二章　遊廓内の拷問

責め役は女に限る

遊郭の「水責め」

牢獄における公刑と私刑の拷問について、惨酷な拷問の行なわれたのは遊廓である。

江戸時代初期、公娼制度を認めて以来、遊廓内には、治外法権的な独特な諸制度ができあがり、自治体のような様式を保っていたため、その私刑の拷問は惨虐をきわめながらも、外部にもれることが少なかった。

元来当時の遊女は、金銭で買われた奴隷と同じ存在であったから、客に不快な感じを与えたり働きが少なかった場合など、抱え主の営利に直接影響を与えるので、抱え主の妻や妾や娘分などが指揮して、遣り手老婆が、鬼のような形相で打ちたたき責めさいなむのである。

元来男は女の涙に弱いものであるし、惨虐性は女性の方が強いものであるから、遊廓の拷問の場合は女が責め役にあたることが多かった。『風俗見聞記』の記載によると、打ちたたいただけで承知できない場合は、数日の間食事を与えないで苦しめたり、雪隠（トイレ）そのほか、不浄のものの掃除を命ずる仕置も行なわれ、裸にして苧縄で高手小手に縛り上げ、水を浴びせる「水責め」も行なわれた。

縛った苧縄が水を吸って縮んでいくので、全裸の遊女は苦しがって泣き叫ぶ。折々、責め殺してしまうことがあったという。

廓からの脱走や駆落《かけお》ち者については、『風俗見聞記』では次のように述べている。

「ぶりぶり」

ぶりぶり

脱走、駆落ち者には、「ぶりぶり」という拷問を行なった。以下原文のまま紹介すると、

この時の仕置きは別して強勢なることにて、或は竹篦《たけべら》にて絶え入る（気絶する）まで打ちたたき、または丸裸にして、口には馬のくつわのように手拭を喰わせ、肢体を四つ手に縛り上げて梁《はり》に釣り上げ、力まかせに打ちたたく、これを「ぶりぶり」と唱える。

逃亡遊女の拷問

これはかの亡八《くつわ》の役で、「亡八」とは吉原大全によれば孝悌忠信義廉恥の八つを忘れた男ということで娼家の亭主のことを指していった。

これらの拷問は行燈部屋や廓内の私設拷問部屋で行なわれ外部には洩れない。

自殺、心中未遂者に対する私刑の拷問は自殺、心中などの行為そのものが娼家に大損害を与える反逆行為であるという建前から、一層惨酷であって、本人のみでなく、手引きした者、知っていて楼主に密告しなかった者、その遊女付きの者までが拷問の対象とされた。

新吉原の遊女で死亡したものは、ほとんど引き取り人がないので、三の輪の浄閑寺（俗称なげこみ寺）の無縁墓地に埋葬されているが、病死として扱われている者の中には、拷問による死亡者もかなりあるものと推定される。

徳川時代の私娼窟である本所吉田町の夜鷹宿や、神田のめった町（現在の多町）の比丘尼《びくに》長屋などでは、「唐辛子《とうがらし》責め」といって、縛りつけおいて唐辛子をいぶした煙をあおぎつけて責めたり、「くすぐり責め」といって、縛って取り囲み、鳥の羽根などでくすぐる責めも行なわれた。

指切りかね切り

指切りかねきり

遊廓内で行なわれた軽いこらしめに「指切り」と称せられるものがある。これは博徒などの間で行なわれる「指をつめること」とは異なり、一種の拷責、仕置であって、ほんとうに指を切るのではない。台のうえに手のひらをのせ、のばした四指のうえに鉄具をのせておいて、鉄びん等重量のあるもので指の切れると思われるくらい強打する方法を、廓では「指切り」と称した。現在でも巷間幼児の遊戯中に「指切り、かねきり、かね屋のおばさん指切って死んだ。これが嘘なら銭《ぜに》百文――」と唱歌しながら、互いの小指をからみ合わせて打ち振り、お互いに違約しないという誓いの印とする風習が残っているが、これは廓の「指切り」の転化したものと想像される。

梁《はり》の滑車《かっしゃ》

文京区駒込吉祥寺の斜め向い側あたりに、相馬大作堂という風変わりな、がらくた道具店がある。四、五年も前の夏の夕方、この店をのぞくと、平将門直系の末裔《まつえい》と自称する親爺《おやじ》さんが、「惜しいことをしました。先生にお知らせしようと思っているうちに売れてしまいました」としきりに残念がるので、いったいなにかと尋ねると、「昔吉原で遊女を拷問するのに使った、梁に釣るす滑車でした」とのことで、近くの動坂に住む画家、伊藤晴雨《せいう》老に知らせたが、見に来ないうちに売れてしまったと、くどくどと、出所や形などについて話を聞かされたが、真疑のほどはなんとも判明しない。新吉原は、関東大震災で潰滅してしまい、大勢の遊女が焼け死んだくらいであるから、もしその滑車が本物のであるとすれば、それ以前に持ち去られたもので、貴重な拷刑資料の一つであるというべきであった。

拷問資料は、ほとんど現存していないのであるから、この滑車の行先を著者は今もって探索している。

梁の滑車

第十三章　切支丹宗徒の拷問

踏まねばこわい

日本拷問史中その惨虐さと方法の多彩さにおいて切支丹《きりしたん》宗徒に対する拷問は、その最たるものである。洋の東西を問わず異教徒に対する拷問が最も、むごたらしいものであるのは、なぜであろうか。

古文献によると切支丹宗徒は、男女老若の区別なく幼児までがその対象となって、明治十年ごろまで、迫害せられている。

切支丹宗徒摘発の方法として有名な「踏絵《ふみえ》」も、宗徒にとっては一種の惨酷な精神的拷問であった。「踏絵」の初期のものは、紙にイエス・キリスト像やサンタ・マリア像を木判で印刷したもので、慶長ごろから寛文ごろまで使用された。

のちには宗徒が信仰の対象として秘蔵していた銅板や、メダイユ（護符）などを押収して厚板の中央にはめこみ、「踏絵」とした。

この「板踏絵」は現在、国立博物館に残っているが、四種類十枚見られる。

大きいものは、長さ六寸、幅四寸二分の銅牌を、長さ八寸四分、幅六寸三分、厚み一寸四分の板にはめこんだものと、小銅牌をはめこんだものがある。

「真鍮製踏絵」は、寛永九年、長崎本古川町の南蛮鋳物師、荻原祐佐に命じて鋳造させたもので、現存するものは五種十九枚ある。寸法は縦六寸、横四寸五分、厚み三分、四脚の高さ各三分、キリスト像、またはマリア像を浮き彫

踏　絵

りにしてあるが、大勢の足に踏まれた像は、磨滅して顔かたちもさだかでない。

この十九枚の「真鍮踏絵」も、国立博物館に貴重な切支丹殉教遺物として現存している。

これらの「踏絵」は、「宗門改め」と称して、役人立会いの場で踏ませて切支丹でないことを証明するのである。

この精神的拷問の前には潜伏切支丹は、もろくも屈服して宗徒は相ついで捕縛された。「踏絵」の期日方法場所などは、各地各様で一定していなかった。寺に集めて踏ませる処もあり、奉行所、代官所で踏ませる場合もあった。

長崎においては、正月四日から役人四、五名、「踏絵」を携えた使《し》丁《ちょう》をつれて全町内各戸について全家族に踏ませて「宗門改め」を行なった。

長崎丸山遊廓では、毎年正月八日、丸山寄合町の「踏絵式」という年中行事となり、華美な晴着をまとった遊女が「踏絵」を行なうように儀式化されていた。

さながら拷問コンクール

江戸時代の隣保班五人組に達した「五人組帳」の二条に、「切支丹摘発の申しつけ」がある。

一、毎年宗門帳を改め三月迄の内に差出すべく候、若し御法度の宗門の者これ有れば早速申出づべく候、切支丹宗門の儀、御高札の旨相守るべく、宗門帳の通り人別に入念相改むべく、宗門帳済み候て召し抱え候下人等は寺請状別紙取置く可く候事。

「宗門改め」の一方法として「踏絵」が行なわれたことは、前述のようであった。

さらに幕府は、摘発方法の一つとして「密告」を奨励した。恩賞を与えて、知人や同志を売らせようという悲惨な方法であるが、これが案外効を奏して摘発を助けたのである。

正徳元年五月日、奉行名で各地に高札が立てられたが、その制札文面を、参考に掲載しておく。

定

切支丹宗門は兼て御制禁たり。自然不審なる者之有らば申し出づべし。御ほうびとして

ぽてれんの訴人　銀六百枚

いるまんの訴人　銀三百枚

立かえり者の訴人　同断

同宿並《ならび》に宗門の訴人　銀百枚

右の通り下さるべし。たとひ同宿宗門の関《かか》はりといふとも申出での品により銀五百枚下さるべし。かくし置き他所より現はるるにおいては其所の宿主竝《ならび》に五人組迄《まで》一類共に罪科行はる可き者也。

隠しておいて、ほかから発覚すると連坐の罪に問うと脅しているところなど、用意周到である。上田敏の「踏絵」と題する詩に、

絵踏みせよ転《ころ》べ転べと糺問《きゅうもん》ぞ切なる

という一節があるが、逮捕された切支丹宗徒は、転宗するか、死ぬ以外、拷問を逃れる方法はない。彼らはあらゆる手段をもって、改宗を迫られた。

「火責め」、「水責め」、「雪責め」、「木馬責め」、指や耳を切りおとしていく責め、手や足の筋を切る方法、額に十字の焼印を押す方法、締め木にかけて気絶するまで締めつける「圧し責め」、水や食物を与えぬ責め、せまい不潔な場所に多人数押し込めて放置するなど、惨酷な拷問にかけて、他宗に転向することを求められた。

切支丹宗徒の拷問

『京都御役所向大概覚書《たいかいおぼえがき》 一』によれば、寛永六年八月、三条新地に建築された牢屋敷の中に、切支丹牢、囚人御詮議所、拷問所、木馬二箇所と記載されてある。切支丹宗徒は、「木馬責め」にかけたのである。

いかように責めても転宗しない切支丹宗徒は殺すのであるが、その種々な惨殺方法は、「刑罰篇」中に収録した。

第十四章　侍《さむらい》と拷問

知らぬ存ぜず

江戸時代、士分の者（侍）の監察は、大目付《めつけ》、目付などの武職にあるものがあたった。

浪人者は、奉行所の掌握下にあった。

侍を取り調べる場合、「白状しないと拷問にかける」というと、累が主家や上司に及ぼず一身上の問題で片がつくと思われる場合は、大ていありのままを自白したそうである。

侍で拷問にかかり、見苦しい様を人に見られることを大きな恥辱としたものであった。

しかし主君や藩に禍が波及する危険があると思われる場合や、侍としての信義にそむくと思われる場合は、いかような拷問で責められようと、たとえ責め殺されても絶対に口を割らないことが、士道として要求された。

肥後国細川藩の侍、都甲太兵衛が、江戸城改修の宰領を命ぜられたさい、藩の危急を救うために、他藩の石材を盗んで使用したことが発覚し捕えられて厳しく取り調べられ、ついに拷問にかけられたが、知らぬ存ぜずで押し通し、最後まで口を割らず放免された。

都甲は、宮本武蔵が初めて細川公のもとに訪れたさい、大勢の侍の中から一目見て、物の役に立つ侍と見破り、抜擢されて用いられた土性骨《どしょうぼね》の太い肥後侍であったそうで、武蔵の眼力に狂いがなかったわけである。

侍を責める場合といっても、特殊な責め方があるのではない。

いざ拷問となれば、身分の上下など問題ではなく、士農工商の差別も全くないわけである。しかし侍ともなれば、日ごろからの覚悟と鍛練が違う。打ちたたくくらいでは、自白しないのが当然である。奉行所や牢屋敷での拷問は前述のとおりであるが、侍屋敷内の拷問は一層苛酷であった。

梯子または戸板に縛り付けて、顔面に間断なく水を注ぐ「水責め」にしたり、手足の爪の間に五寸釘を押し込んで責めたり、爪の上から五寸釘を打ち込んで責める。

釘が指先を突き抜けると激痛のため、大ていの者が気絶するそうである。

蝋燭の火で腋毛や陰毛を焼いて責める方法も、しばしば行なわれた。

封建時代各藩で見られたお家騒動や、幕末騒乱の時代に起こったいろいろな事件の発端や事件の陰において、前述のような陰惨な拷問がしばしば行なわれたことは、文献や芝居で見られるとおりである。

幕末、京都壬生の新選組屯所内で行なわれた拷問は、ずいぶん苛酷なものであったと伝えられている。

第十五章　弾正台《だんじょうだい》の拷問

棒縛り

棒縛りと鉄砲

「弾正台」というのは、大宝律令によると、風俗の粛正と非違を取り締まるための警察組織中の一役所であるが、この表題の「弾正台」は、幕府瓦解後の明治二年七月、新政府に叛する旧幕府の残党や、政治的陰謀をたくらむ者など国事犯を取り締まる役所として設置された「弾正台」である。

この制度は明治四年七月までで廃止されて、司法省が警察行政を司るようになったのであるが、この「弾正台」における拷問は苛酷なものとして悪名高いものであった。

明治新政府といっても、拷問は旧幕時代となんら変わることはないのであるが、「棒縛り」、「鉄砲」、「砲丸抱き」など新手の責めや懲罰が加えられている。「弾正台」の拷問によって、出獄後も、腕が曲がったままで延ばせなくなった者もいたといわれるくらい、手厳しく取り調べられたと伝えられる。

「棒縛り」は片手を肩から、他の片手を脇から背後に廻し、背中に一本の樫棒を垂直にあてて両手首を上下二ヶ所棒に縛り付ける。

窄衣と手錠

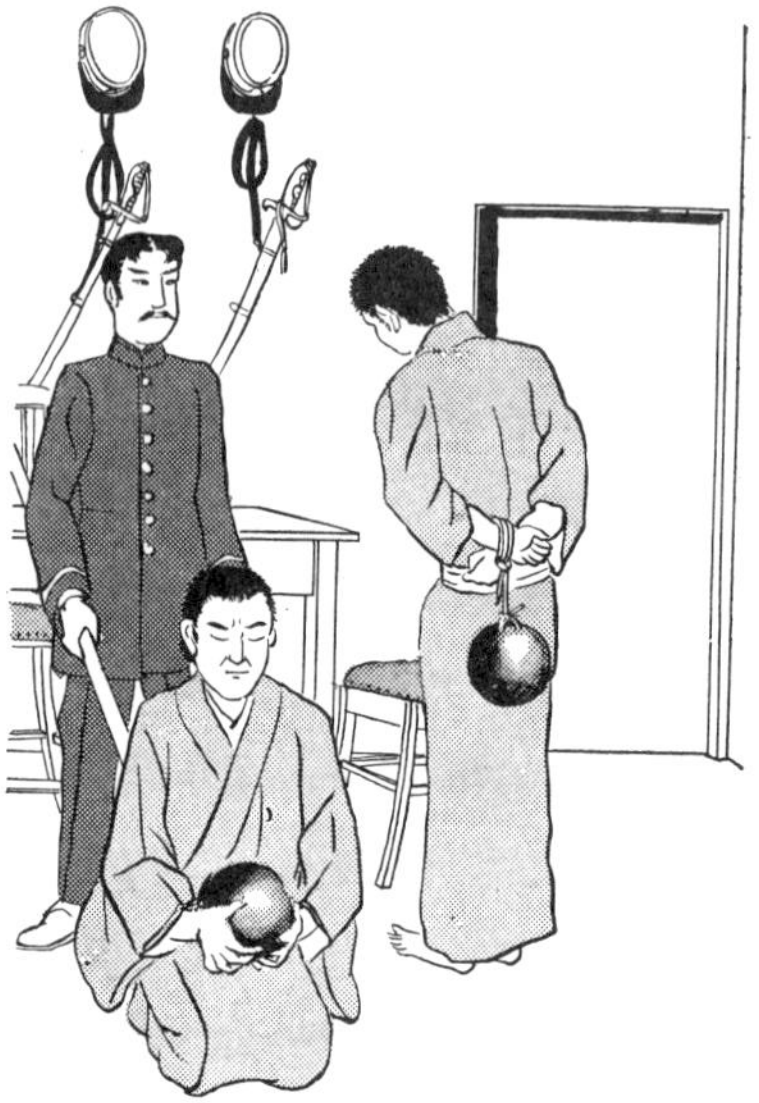

砲丸抱きと鉄丸

直立の場合は六尺棒を使用し、正座させる場合は三尺棒または四尺棒を使用する。

このまま長時間放置されると、意外に苦しいものである。

短時間に苦しめるためのものには、つぎの拷問、「鉄砲」がある。

鉄砲

「鉄砲」と呼ばれる責めは、片手を肩から後方に廻し、他の片手を脇から後方に廻し、背中で拇指《おやゆび》と栂指を合わせて縛り、その間に、木椀をはさんで放置するものである。

砲丸抱《だ》き・鉄丸・窄衣《さくい》・暗居

「砲丸抱き」は正座または直立の姿勢で、両手に重い砲丸を支え持たせるようにし、腕を動かしたり姿勢をくずしたりすると、樫棒で打ちたたく責めである。

他に「鉄丸」と呼ぶものは、後ろ手に縛り、手首に二貫目または三貫目の鉄丸を釣り下げて放置するもの。

「窄衣」というのは、牛皮製の胴着で、背後で締めるようになっていて、胴着の脇に密着して両腕を締める皮筒がついている。

これを着せられると、気を付けの姿勢をとったまま体を締めつけられ、身動きができなくなる。長時間放置されると、だんだん苦痛が増大していく。

「暗居」は、昼も夜も暗黒な密室に一人でとじこめて置く方法であるが、三、四日暗闇の中にいると、精神的に全く参ってしまうそうである。

日本の巌窟王といわれる吉田石松老人も、この暗居の懲罰を三日間課せられ、出されたときに太陽の有りがたさと空気のさわやかさに生涯忘れ得ない感激を覚えたと語っている。

暗　居

第十六章　近世の拷問

御馳走責め

明治、大正、昭和の初期まで、憲兵隊や、特高警察などで、秘察裏に行なわれた拷問は、原始的なものから合法的、心理的な拷問に至るまで種々雑多であるが、現代の警察では、全く行なわれていない。現代の取り調べはまことに紳士的であって、「言いたくないことは言わないでもいいですよ」と係官が前置きするくらいである。前時代と比較すると地獄と極楽ほどの相違である。

二十五年前（一九三八年）の事件で、最近新聞紙上に、「無実叫ぶ死の床のテープ」という見出しで、拷問に関する記事が載ったことがある。

二十五年前、湯河原で起こった放火事件の犯人として五年間服役し、昭和三十二年死亡した高橋五作さんが死ぬ前、残した録音テープは、当時受けた拷問についてつぎのように述べている。

「頭髪を引きぬく、胴を麻縄で縛って逆さに吊るす、唐辛子を溶いた水を鼻につぎこむ、頭が福助のようにはれ上がって、指で押すとめりこむ」といっているが、これがもし事実であったとすると、旧幕時代の拷問となんら変わっていないわけである。

水や食物を与えないで、長時間取り調べを続け、自白をすれば欲しいものを与えると交換条件を出し、鰻丼などを目の前において責める方法も行なわれた。一歩をすすめて御馳走で責める方法もある。

被疑者を暖い居心地のよい部屋におき、御馳走を十分にすすめて歓待する。

被疑者は思わず飽食する。食事が終わると打ってかわり、冷えきった「コンクリート」の留置場にほうりこんで放置する。これを三、四回繰り返すと、境遇と食事の変化の差があまりありすぎるため、体の調子も神経も、すっかり狂ってしまい、肉体的にも精神的にも抵抗力を失ってしまうそうである。

睡眠を全くとらせないで、多人数で入れ替り立ち替り責めたてる方法も、しばしば行なわれた。四、五日ぶっ続けに昼夜を分かたず質問責めにされると、意識が混濁して、誘導訊問によって思わずありのままを自白してしまう。精神的拷問の一例として、昭和初期の少女殺し犯人の場合をあげておく。

セーラー服の幽霊

被害者は、セーラー服を着た美少女で、強殺したと思われる有力容疑者を逮捕留置して厳しく取り調べたが、どうしても自白が得られないので、一計を案じた係官が、被疑者の眠っている独房の壁に、一着のセーラー服をかけて置いて様子をうかがっていると、深夜目覚めた被疑者は、セーラー服を一目見るや、恐怖の叫び声をあげて戦慄し、許してくれと泣き叫び精神錯乱状態におちいった。

このようにして四、五日経過すると、見るかげもなく憔悴《しょうすい》した容疑者は、係官に向かって、さめざめと

セーラー服の幽霊

悔悟の涙を流しながら、毎夜セーラー服姿の少女の幽霊が現れておちおち眠ることができない。少女を殺したのは自分に違いありませんと、すべてを自白してしまったと、当時の関係者が語ったことがある。

電流による拷問や、女性を責める場合に竹刀《しない》や、ビール瓶を使用した話も聞いたり読んだりしたことがあるが、見聞者から直接聞いた話でないし、真疑のほどはなんともいえない。

拷問見聞記

昭和の始めのころに一回、終戦直後に一回、偶然の機会に恵まれて、拷問とリンチを実際に見聞したことがある。四、五名の頑丈な男達が畳の上に花莚（うすべり）を敷きひろげ、手に手に、竹刀や皮ベルトを執って用意すると、これまた鬼のようにいかつい体格の男が引き出されてきて、下帯一つの真っ裸にされ、花莚の上に四つんばいにさせられた。不敵な面構《つらがま》えの男は恐れ気《げ》もなく、両手両足で体を浮かせていると左右から竹刀、皮ベルトで力まかせに背中臀部を打ちたたく。

「さあ言え、吐いてしまえ。白状せんと打ち殺すぞ」。「こらあ、腹がつくぞ、体を浮かせ」などと怒号しながら打ちつづける。

一人が薬鑵《やかん》の口から水を口に含んで、時折背中に吹きかける。

ピシリピシリと肉に喰い入る皮笞と竹刀の音が、恐ろしい怒号と入り交って高い白壁の天井に響き、異様な雰囲気をかもしだす。

打たれた皮肉は見る見るうちに、茹でたように真っ赤な条痕にはれあがり、湯気がたっているように見えた。

苦しがって身をもがき、腕の力が弱って体を莚に着けると、「体をあげんか」と二の腕のあたりを強打している。

責める方が一層猛り狂って、鬼のような形相になり、ピッチをあげると、やがて男の苦痛にゆがんだ口から、「ひいひい」と悲鳴がもれて、身もだえしながら、「許してくだっせー」、「許してくだっせー」と泣き声で絶叫し、がっくりとなってしまった。

この間、ずいぶん長く感じたのであるが、せいぜい、十分あまり十五分間くらいではなかったかと思う。

なにしろ始めての見聞なので、息づまるような圧迫感をうけて、聞きしにまさる恐ろしいところであると、しみじみ思った。男はのろのろと独力で立ちあがり、下着と袴下をつけて正座したが、割合に平気な顔付きで、泣きわめいていたという顔付きではなかったところを見ると、相当に悪ずれのした経験者ではなかったかと思う。責め役の一人に、なぜ水を吹きかけるのかとたずねると、

「ああ、水をかけた方が皮膚が破れないからですよ」

との答えであった。

終戦後、九州大牟田市の某劇場の楽屋（仕度部屋）で偶然、やくざ仲間のリンチにぶつかった。人気のない昼間の薄暗い楽屋から、今にも死にそうな呻き声がもれてくるので、驚いて戸を引きあけて室内をのぞくと、三人の愚連隊風態の男が、一人の若い男を締め上げている異様な光景に二度びっくりした。シャツをはがされ化粧前（化粧道具や鏡を置く低い棚）に押し付けられた被害者に、サングラスの男が馬乗りにのしかかって首を締め、両脇にのばした手の指の上に板片をのせ二人の男が乗っている。

若い男は虫の息のようなので、著者は思わず「喧嘩か？　よした方がいい、そんなに首を絞めたら死ぬぞ」と声をかけたところ、サングラスがにやりと笑って「やくざの仕置きだ、旦那衆は引っこんでてくれよ」と凄むので、気にかかりながらも、その場を離れた。

第十七章　サディストとマゾヒスト

小口末吉の妻と焼ごて

夫婦の間や、親子の間で行なわれる拷問や責めは仲々表面に表われず、闇から闇に葬り去られることが多いのではっきりしないが、昔から現代まで相当数多く存在したのではないかと推定される。たまたま被害者が死亡したような場合でないと明るみに出てこない。

大正六年三月三日に起こった傷害致死事件を標題の一例としてあげておく。

死亡した被害者は、二十三才になる若い妻、矢作よね。内縁の夫である大工職、小口末吉が加害者として拘引されたが、死体を検視して驚いたことは、全身に数十箇所の生傷のあることであった。太のみ、こて、鉄《かな》てこ、匕首《あいくち》、焼火箸などを使用して連日責めさいなみ、ために内妻よねは、生傷の絶え間がなく、ついには焼火箸、焼こてで太股に「小口末吉妻」の五文字を焼きつけられて死亡したのである。やがて加害者末吉が獄中で病死したので真相を突き止めるべく、東京帝国大学法医学教室に死体の解剖と死因の鑑定を依頼した。教授医学博士、三宅鉱一氏は鑑定にあたり前代未聞の性的犯罪であると断定し、これは、サディスト小口末吉が、マゾヒスト矢作よねを得て、両名優の呼吸がぴったり合致して演出された荘厳な場面の、予期せざる結末であって、末吉に殺害の意志はなかったもので末吉は無罪とすべきものであるという、心血を注いだ異例の鑑定書を製作呈出した。

サディストとマゾヒストの組み合わせによる拷責のすさまじさは筆舌に尽しがたいが、二人の精神的肉体的の結合は、いよいよ緊密になっていくのが常である。しかし一方が普通人である場合は、到底永続きはしない。つぎの例は、その場合の一例であるが、その結果だけをあげておく。

全身の噛《か》み傷

大正七年七月に起こった事件で、サディストの夫が、新婚の花嫁の全身数十箇所に噛みついて傷つけ、新婦はたまりかねて逃げだして事件が明るみに出たのである。

花嫁さんの裸体の写真四枚が資料として、著者の手元にあるが、全くひどいもので、咬みちぎられた傷痕が、臀部、肩、膝、腕と全身に見られる。よくもこの拷問に幾日も堪えたものであると、痛々しく気の毒である。

第十八章　責めの研究家

妻を雪責めの実験に

拷責に興味をもつ人は数多いが、研究家ともなると数少ないものである。

また、サディズム的性格の人は案外に多いが、この種の人は秘密的で、人前で公言したり文章を発表したりしたがらないので、はっきりしない。

著者の知る限りでは、故人であるが、駒込動坂に居住していた伊藤晴雨画伯などが、最も熱心な研究家ではなかったかと思う。

著者が直接に晴雨老人から聴いた実験談をつぎに述べておく。

責めの実験は、大正十年頃から度々試みられた。そのモデルは晴雨氏夫人キセ（二十四才）で、夫人はすすんでモデルを買って出て、「縛り」、「笞《むち》打ち」、「吊し」、「海老《えび》責め」、「蝋燭《ろうそく》責め」などの実験台となり、写真を撮影し、時間・状況などを記録させた。よき協力者を得た晴雨氏はすすんで「雪責め」を試みることとし、大正十一年一月、おりから四寸ほどの積雪中に、キセ夫人を裸体にし荒縄で捕りあげて埋め写真撮影を行なった。裸体露出時間約一時間、悪寒を感じたが、しばらく手当てし平常にもどったという。

さらに十二年一月以降、「雪責め」の実験だけでも十数回行ない、長い時は三時間に及んだが、後の手当次第でもとどおりに元気になったという。

大正十二年一月の実験の詳細を述べると、下高井戸の温泉旅館吉田園の庭園内は、前夜からの降雪で積雪六寸余、長襦袢一枚で後ろ手に縛り上げられた夫人を素足のまま雪中を引ずり廻して約四十分間、写真撮影を行なった。呼吸は切迫し、唇辺に軽い「けいれん」を認める程度であった。ここで十五分休憩して、吉田園から十五町ほど先の竹藪の中で、全裸にした夫人を麻縄で縛り、半身を雪にうずめて撮影し、記録をとった。この時はすでに、日没に近く、寒気はますます強くなり、夫人の皮膚は紅潮し、眼窩の周囲はあさ黒く変色し、唇辺のけいれんがだんだん激しくなって、歯がふれ合って「カチカチ」と音をたてていた。

約三十分の後、焚火して暖をとり手当てをし、翌日はなんの支障も見られなかったという。

責めの研究家（妊娠中の妻を逆づりにする伊藤晴雨）

アトリエの訪問客

大正十三年六月、『サンデー毎日』誌上に、晴雨氏は、「責めの研究」と題して前述の記録を発表したところ、連日訪問客に見舞われ、画業も手につかないくらいであった。自称、「責めの研究家」なる男女が、つぎからつぎにアトリエを訪れた。

そのほとんどが晴雨氏を失望させたことは、単なる好奇心からと春画的な興味からであって、真面目な研究者はほとんどいなかったからであった。男の場合と女の場合の比較は、男性は始め熱心であるがすぐ飽いてしまい、女性はだんだん熱心な研究的態度になっていくそうである。

刑罰篇

第一章　鬼火燃える刑場

回向院住職昔噺

東京千住小塚原回向院の院主、川口厳考翁が明治二十六年、八十才の折『徳川幕府刑事図譜』「序文」の中に、刑場の追懐を述べている箇所があるので、同文中から抜粋して見よう。

拙僧天保年間より府下千住小塚原回向院寮の住職となり徳川幕府の刑場を管理せしより今に至りて殆《ほとん》ど五十有余年に及べり。

この長歳月の間、牢獄中の病死刑死によりてここに埋葬し来りし者は一として拙僧の管理にあづからざりし者なし。

その数は明治維新の時に至るまで、徳川氏専制の時に於て毎年千人以上二千人以下にして特に弘化年間の如きは一時二千人以上に達せしことあり。今これを通算すれば拙僧管理のもとにその屍体を埋葬せし者は少なくも、五、六万人にくだらざるべし。

又維新前三十有余年の間、拙僧の親しく臨みて磔刑《はりつけ》、火罪《ひあぶり》、獄門《さらしくび》、斬罪《くびきり》等の惨刑に処せられし者を目撃せしことはその数実に枚挙にいとまあらず、かく多くの死亡者中、真に大罪を犯し天地に容《い》れられざる大悪人必ず多数なるべしといえども時には犯罪死に至るまで甚しからず或は無辜冤罪にして刑りくにかかりし者もまた決して少なからずとす。

かの幕府の末年に牢死せしとてこの原中に埋められし者等には実に聞くに忍びざる憐むべき者甚だ多かりしなり。

かつ安政以降、王室の衰微《すいび》を歎じ慷慨忠烈身を以て国家の犠牲に供し空しくこの刑場に一片の露と消えてその骨を埋めたる諸士（以下中略）皆拙僧のかつてこれを管理しここにその屍体を葬りし所なり（以下中略）。今より当時を追懐すれば実に尚昨日の如き感を生じうたた愴然《そうぜん》に堪えざる所あり。そもそも当時この徳川氏の刑場たりし小塚原刑場の近傍はただ拙僧の現住する回向院の寮ありしのみにして遠く一の人家もなく草木森々と繁茂して悲槍惨怛《さんたん》の状況に迫り特に夜間は一の行人もなく、唯悲雲惨月の此原中を照しきて草虫の或は血露に泣き、野犬の或は遠く吠えてここにその肉を求め、凄風粛雨のこの院をたたききて暗に幽鬼の怨恨を訴え空しく中天に哀号するが如き声の外は一も拙僧の耳辺に聞ゆるものなかりし。（後略）

刑場の今昔

旧幕時代江戸には、三つの処刑場があった。

小塚原刑場と鈴ヶ森刑場と板橋刑場である。徳川家康が江戸に居城を定めたころ、馬盗人や盗賊を浅草鳥越の原中に引き出し松の大木に縛りつけて処刑したのが先例となり、重罪者の処刑場となったが、ついで浅草聖天町に移し、やはり浅草刑場と呼んでいたが、のちさらに千住小塚原に移した。

小塚原刑場は文献によると骨《こつ》ガ原がなまった呼び名と書いてあるものがあるが、これは間違いで、もともとこの原中に午頭《ごつ》天王社があったので、午頭《こつ》が原と呼ばれていたのが小塚原になったのである。

昔は間口六十間、奥行三十間の広さであった。場所は上野駅から松戸行電車の南千住駅に入るところの左右の墓場が、その中心部である。車窓の右側に蓮座から上の高さ一丈二尺ある石地蔵（蓮座の表面横九尺）が見える。

これが首斬り場の跡であって、この石地蔵は「首斬り地蔵」とか「延明地蔵」とか呼ばれ、寛保元年（一八四一年、吉宗八代将軍）に刑死者菩提のため建立されたものである。

吉原大門前から山谷の電車通りへ出て左に行くと荒川区と台東区の境になっている泪橋があった。いまは橋はないが昭和の始めごろまでは幅二メートルぐらいのどぶ川があって、橋があった。

小塚原刑場で処刑される囚人を見送ってきた肉親や知人が、この橋で別れて帰る泪の橋なのである。

鬼火燃える刑場

明暦三年正月、江戸大火の焼死者十万八千余名を本所に埋葬し、回向院を建てて菩提をとむらい、牢死刑死の者もここに埋めていたが、人家が増えて手ぜまになったので、小塚原刑場の一角に寛文七年回向院を建立したのである。文政五年八月、南部藩浪人の相馬大作と、関亮助の死屍を取り捨てたことから、ここが国事犯の刑場埋葬の所となったといわれている。安政大獄、桜田の志士など、みなこの地に刑死し埋められている。鼠小僧次郎吉、夜嵐お絹などもこの地で刑死した。

鈴ヶ森刑場は、南品川から鮫州をへて、北浜川町、南浜川町を過ぎ、鈴ヶ森町に入る線路の左側海岸寄りの場所で、旧街道が国道へ出たところである。刑場跡をすぎると大森海岸に出る。ここは徳川開府の頃から刑場と定められていて、「磔《はりつけ》」、「火あぶり」、「獄門」など重罪の者の処刑を行なったが、いずれも小塚原のようには埋葬しないで屍体はほうり出しておいて野犬や鳥の餌食とした。当時鈴ヶ森海岸には白骨や半腐れの屍体が、ごろごろしていて、鬼気人に迫る風景であったと伝えられている。ここは、また慶安騒動の丸橋忠弥、天一坊、平井権八、八百屋お七など講談や芝居の花形スターたちが、野末の露とはかなく消えた怨みの刑場でもあった。刑死者の菩提をとむらう石地蔵と、南無妙法蓮華経の石塔が建立されている。

小塚原刑場も、鈴ヶ森刑場も人家が立ち並び、史跡としての影がうすれ、昔日の獄門台の附近まで繁華街に変貌しているが、奇特な人たちが時折、香華をもって訪れる。もしかしたら刑死者になんらかのかかわりのある人であるかもしれない。

板橋刑場は、池袋駅から赤羽駅に通じる電車の板橋駅をおり東口に出た道路に面して、新選組局長・近藤勇、副長助勤・永倉新八と土方歳三の墓がある。推定では、区制以前の北区、豊島区、板橋区の三つにまたがる広い原中が刑場ではなかったかと思われる。近藤勇が斬首刑に処せられた滝野川三軒家の位置は、不明。獄門台(註8)は現在の大正大学構内、正門に向って右の塀隅にあったと伝えられる。

板橋刑場で刑死した者の人名は、資料中ほとんど発見できないところをみると、他の二刑場のように頻繁に使用されなかったものと思われる。

(註8) 獄門台のあとには、現在、庚申塚警官派出所が建てられている。近藤勇首洗いの井戸は、その向い側の民家裏手に石ぶたをして埋められている。

第二章　天刑思想

太陽刑（天刑の一）

人間が人間を裁き、刑罰を加えるほかに、天が人間に刑罰を与えるという思想は、長く民間俗信の世界を支配していた。

太陽を、光・力・生命の源泉として、すべての神のうちの最高創造主とあがめて、お日様はすなわち「天照皇大神」であり、この世の万象を常に見通していられるから、秘密も悪事も太陽の眼からは逃れることはできないと考えられてきたのである。

いわゆる「お天道様の罰《ばち》があたる」といい伝えられた俗言が太陽刑の思想である。

古文献に、子をまびく夫婦の恐怖を表現した図があるが、産褥の妻が生まれたばかりの嬰児《えいじ》を、膝で押し殺しているのを、屏風越しに夫が眺めている。さらに天上から、白雲にのったお天道様（太陽）がこれを見守っているところを描き、てんとうと書き入れてある。

天罰刑（天刑の二）

諺にも「天罰てきめん」といっているが、悪業はかならず、悪をもって報いられるという思想が、長く日本民族の心を支配していた。

古書にも、「欲ふかく、人の金銭をむさぼり横領するもの災難にあう」として、竜巻きに家を吹き倒されて逃げまどう夫妻を描いている。これが天罰の刑である。

天狗にひきさかるる刑（天刑の三）

天空を自由自在に飛び翔るという想像の怪・「天狗」は、人間の邪悪を憎み罰するものであると信じられていた。「いつわりごとをこしらえ、公事《くじ》（裁判訴訟事）を好み、出入り（けんか）の腰おしをいたし、悪だくみする者は、天狗にひきさかれる」と添書して、木の葉の舞い散る、わら屋根の上の空中で、羽根の生えた巨大な「烏天狗《からすてんぐ》」が、一人の男の両脚をつかんで逆さに吊りさげ、股から左右に引きさいている図がある。

雷　刑（天刑の四）

「帝釈天《たいしゃくてん》」（因陀羅《いんだら》神、すなわち天帝）が、「阿修羅《あしゅら》」を制圧して、幸福をもたらすという印度思想は、「因陀羅の罰」、すなわち「雷神の罰」は、悪人に及ぶと考えられ、この思想は全東洋を支配していた。雷は天の憤怒の表現であると信ぜられていた。

「しうとに不幸の嫁、雷様に打ちころされるところ」と添え書きして、輪太鼓を打ちならし黒雲にのった雷神が、地上に舞いおりて嫁を打ち殺している古画が残っている。

氏神刑（天刑の五）

氏神様が、この世を見通していられることは太陽と同じである。氏神様は悪を憎み、無情な悪業をことに憎まれると信じられてきた。嫁を苛酷にあつかう姑（しゅうとめ）の過失死や事故死は、氏神様に蹴り殺されたものと信じられていた。

荒神刑（天刑の六）

「荒神様」というのは、「かまどの神様」であって、三宝を守護し怨敵《おんてき》を退治所罰する神であるから、「三宝荒神」とよび、かまどの上にお祭りする。「かまど神・荒神様」は、月明りの夜は天に昇って、人間の罪状をくわしく天帝に告げると信じられているこわい神様である。

江戸時代には、夫にさからう妻、妻に惨酷な夫、この両者は荒神にしめ殺されると信じられていた。

以上六つの天刑の存在を信じ恐れる者ばかりであったならば、世の中に犯罪は存在しなくなるであろうが、「判っていてもやめられぬ」のことばのとおり、やはり犯罪は絶えないので、必然的に人為的な刑罰が行なわれるわけである。

上古の日本における犯罪と刑罰は、「古事記」その他によって周知のことであるが、神代、上古、中古の刑罰は、そのほとんどが伝説的な話であって、史実としての価値はいかがなものであろうか。中古の律令は、支那にならい、「刀《とう》・杖《じょう》・笞《ち》」の三刑を採用したといわれるが、文献にあらわれた鎌倉時代の刑罰に陰惨、苛酷なものが多いのは、律令が守られず私刑的なものを加えていたことを物語っている。
平安朝時代末期以降の古文献には、「磔刑」の史実が数多く見られる。

第三章　はたもの（張付）

機物《はたもの》

「はりつけ」は、「幡物《はたもの》」、「機物《はたもの》」、「機《はたもの》」、「肇《はつつけ》」、「羃《はつつけ》」、「八付《はつつけ》」、「張付《はりつけ》」などと記載されているが、『宇治拾遺物語二』や、『今昔物語 二九』などによると、当時の「磔《はりつけ》」は必ずしも死刑とは限らず、「幡物」と名づけられた木、柱、板、杭、柵などに縛りつけたり、釘で打ちつけたりして、鞭打つ拷問や刑罰を呼んでいた例も見られる。

しかし鎌倉時代に入って政権が武士の手に移ったころから、「幡物」は死を意味するものとなったと推定される。

復仇、敵兵威嚇の手段として、生きているものを刑架にかけて刺き殺し、屍《しかばね》を開張、乾枯することが行なわれた。

元来、「磔」の字義には、裂く、割る、張る、開く、解くなどの意味があって、生体屍体の別なく、地上架上の別なく、刀刃を用いるのと刀以外を用いるの別なく、以上の意味があるので、古文献だけの記録では、単に刺し殺したものか、引裂いたものか、はっきりしないわけであって、「車裂き」や、「逆磔《さかさはりつけ》」、「水磔」なども混同しているのではないかと推定される。

土八付《つちはつつけ》

元暦元年、平家追討の兵をあげた源頼朝は、父義朝を暗殺した仇敵である長田忠致とその子、長田景家の両名を、義朝の墓前に引き出し「土八付」にして、なぶり殺しにしたことが『平治物語』に記載してある。

土八付の長田忠致

「土八付」というのは地上に板をしき、板の上に太い竹竿をおき、その上に仰向けに大の字になり寝かせて竹竿に両腕両手首を縛りつけ、手足を太釘で板と土に打ちつけて動けぬようにする。長田父子は「土八付」にかけられ、刀刃で切りきざまれ長時間苦しめられ、なぶり殺しの憂き目にあった。

「箱磔」という形式のものも、「土八付」に似て珍しいものである。「武道伝来記」に、この「箱磔」の記載がある。

嫉妬に狂って同僚七名を殺害した女を、被害者の遺族たちが復仇のため、厚木で大きな箱をつくり、箱の中に裸体にした女を大の字に寝かせて釘で手足を打ちつけて、生きたまま海に押し流したことが見えている。

このように「磔刑」は復仇と処罰をかねて行なわれることが多く、反逆罪の反臣に対する制裁として行なわれることが常識であり、その場合、本人だけでなく、近親者、家人まで「磔刑」にして虐殺するのが普通であった。

豊臣秀吉時代になると、盗賊、殺人の刑にも「磔」を科し、切支丹宗徒の虐殺にも「磔」を適用した。

安土桃山時代における「磔刑」の記録に数多く残されているが、この中には、「逆磔」、「串刺し」などの変わった形式のものも見られる。

戦国時代の張付記録

永禄五年（一五六二）吉田の城主、叛臣の妻子十一名を「串刺し」の刑に処す。

永禄六年、織田信雄、叛臣玉井父子三名を「張付《はりつけ》」にかける。

永禄七年、織田信長、信雄、荒木一族四百六十余名を有岡において焼き殺し、九十七名を尼崎において「幡物」にかけ、数名を京都において「車裂き」の刑に処す。

永禄七年、武田信玄、武笠《むかさ》与一郎を叛逆の罪をもって「逆機物《さかさはたもの》」（逆さにして磔）にかける。

永禄十二年、北畠具教、叛臣の娘をくびり殺し、屍体を「串刺し」にして「張付」にかける。

永禄十四年、秀吉の命により、明智光秀の屍に首を継ぎ合わせ、京粟田口において「張付」にかける。

同じころ、秀吉西征の途上において、近習油断の者重き輩、数名を「張付」にかける。

同じころ、秀吉小田原城を攻略、捕虜多数と、三島右衛門を引廻しのうえ「張付」にかける。

永禄十九年、秀吉奈良において、高利貸し数十名を「磔」にかける。

文禄三年（一五九四）秀吉長崎において、伴天連《ばてれん》六名、伴頭《ばんとう》二十余名を「張付」にかける。

同年、馬盗人二名、「磔」にかける。

など種々の記録が残っているが、民衆または敵に対する威嚇見せしめのために、極刑として「磔」を盛んに行なったように思われる。

串刺し

前途中、「串刺し」というのは、丸太棒または角材の根本を地中に打ちこみ、棒を垂直に立て、先端を鋭利にとがらせておき、裸体あるいは着衣のまま囚人を縛り上げて先端にのせて刺し通し、そのまま晒して乾枯させる形式の「磔」である。先端に仰向けに寝かせておいて背中から腹にかけて刺き貫くものと、先端に垂直になるようにおいて股、肛門から刺し通して腹胸まで貫いておく形式と二通りがある。

串 刺

逆磔

「逆磔」は頭を下に、脚を上にして梟木《きょうぼく》に縛りつけ、刀槍で刺殺する磔刑であるが、これは謀反の逆臣に加える極刑として行なわれた。『太閤記』にも、柴田伊賀守家来、山路将監謀反露見して「逆磔」にかけらると記載されている。「逆磔」で有名なのは、永禄十二年、長篠城の堀端で虐殺された鳥井強《すね》右衛門の「逆磔」である。

江戸時代初期の磔刑記録

戦乱の世が治まり、江戸時代にはいってからも人の気風は荒く、徳川幕府の律令も確固たる制定を見ないまま、磔刑はしばしば行なわれたことが記録に残っている。

慶長十八年（一六一三）江戸初期からこのころまでの関東地方には盗賊がはびこり、諸人の迷惑甚しかったので、見つけ次第引き捕え、首を斬り、火あぶりにし、「磔」にかけたが尽きることがなかった。向坂の甚内という大盗人を捕えたときは、首に縄をかけ、裸馬にのせ幡をささせ、江戸の街々を引き廻したあげく、浅草原中において「磔」にかけたことが、『慶長見聞記　七』に記載されている。

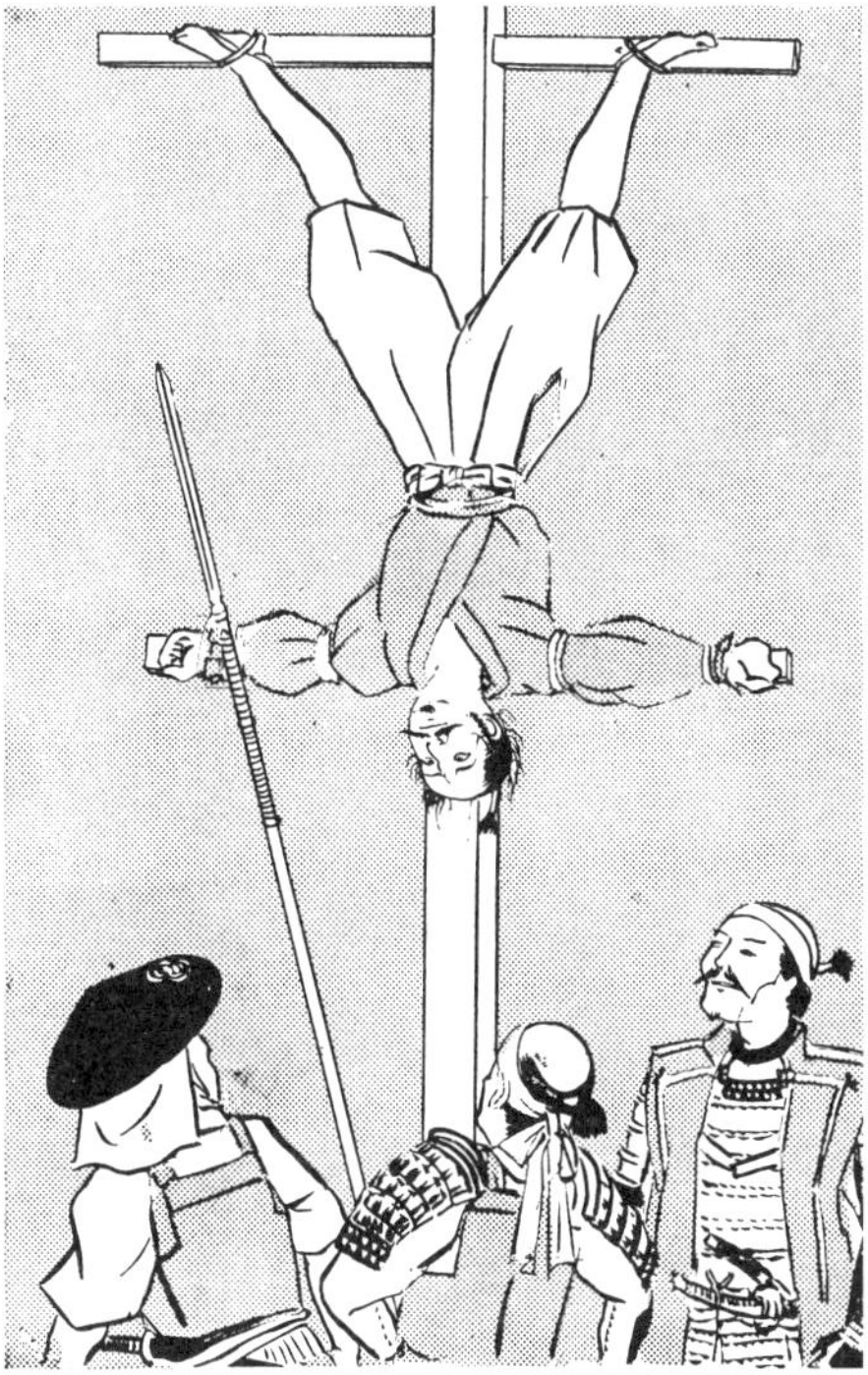

秋山晴近の逆磔

これは享保以向の、「引廻し磔」とよく似た様子であり、おそらくこのしきたりが、後々まで踏襲されたのであろうと推定される。

寛永三年（一六二六）大久保相模守様、切支丹吟味役として上洛、転宗せぬ者三名の中二名を富田において「逆磔」にかけ、都にて転宗せぬ者四名の中二名を「火あぶり」、二名を「磔」、堺にては一名を「磔」、二名は「牛裂き」にしたことが、『切支丹宗門来朝実記』に記載されている。

慶安四年（一六五一）には、鈴ヶ森刑場で、丸橋忠弥とその母、妻、子と一味の者、磔にかかる。

万治元年（一六五八）にせ銭遣《つか》い「磔」。

延宝七年（一六七九）鈴ヶ森刑場にて、平井権八の「磔」が行なわれた。

水　磔

寛永十七年（一六四〇）『武門諸説拾遺《しゅうい》』の記録するところによると、転宗しない切支丹宗徒七十余名を、品川沖に逆さに吊して「水磔」にかけたことが見えている。

水　磔

潮が満ちてくると首から肩あたりまで汐水にひたり、息もつけない苦しみにあえぎ、汐が引くと顔面ははれ上がり人相も変わり、この世の人とも思えぬ凄惨さで、八日目には、ことごとくもだえ死に絶えたという。
「水磔」ではないが、やはり寛永年間、浅草鳥越の原中に、「虎落（もがり）」をこしらえてからめ捕った切支丹宗徒百名あまりをほうりこみ、雨ざらし日ざらしにし、食物も水も与えずに、餓え死にさせ、屍体はそのままその場所に、土をかけて埋めたと記録が残っている。正に獣類以下の扱いである。

現代では狂犬でも、このように残酷な殺し方はしない。

第四章　坑　刑（生き埋め）

石子詰め

戦国時代、織田信長が行なった「鋸引き《のこぎりび》」の刑は生き埋めにして首だけ地上に出しておき、大鋸《おおのこ》で首を切り離して殺したと記録してあるが、生きたまま土中の穴にほうりこみ、石や土砂で埋めて殺す方法は、「石子詰め」と呼ばれ、古来しばしば行なわれた。

奈良春日神社の神鹿《しんろく》を殺した者は、故意過失を問わず、この「石子詰め」と呼ばれる坑刑に処せられるというしきたりがあって、過失から鹿を投石で殺した少年が、生き埋めにされた哀れな話が残っている。

石子詰

美濃の人枡《ひとます》

美濃地方には、「人枡《ひとます》」といって四角い大きな穴を掘っておいて、切支丹宗徒の転宗しない者をひき、さながら枡で計るように、ほうりこみ埋め殺したといわれる切支丹殉教の遺跡が残されている。人枡の数多くある場所には、いまも香華を捧げにくる人がいるそうである。殉教者の子孫かもしれない。

狂死した福知山城主

ひと思いに殺すのではなく残酷な坑刑の一例として、『明良洪範 巻十九』に記載の話では、丹波国、福知山城主、稲葉淡路守記通は、家中の代官で悪事を働いた者を、その家族もろとも、ことごとくからめ捕り、居室前の庭に穴を掘って首まで埋め並べて、首に桶をかぶせて放置し、朝夕、なぐさみに桶をとらせて、いちいち見廻っていたが、日が経つにつれて、だんだん一人ずつ死んで行き、代官は最後まで死にきれず生き残り、怨みの言葉を浴せながら七日目に息絶えたという。

福知山城主　代官を生き埋めにす

この嗜虐の福知山城主は後に発狂し、火縄鉄砲をもって自分の胸板を打ち貫ぬいて自殺した。「生きうめ」(註9)にされた代官一族の怨みともいわれている。

(註9) 生き埋め刑として史実に残っているのは、織田信長を千草越えの峠上から、火縄銃で狙撃して失敗し、捕えられた比叡山の僧杉谷善住坊の生き埋めが有名である。善住坊は七日の後、絶命したといわれている。

第五章　烹　刑（釜ゆで刑）

名文句の辞世

文禄四年七月三日（一五九五）大盗石川五右衛門は、母と子供とともに、京都三条河原において「釜うで」の刑に処せられ「石川や浜の真砂子はつきるとも、世に盗人のたねはつきまじ」の辞世とともに煮えたぎる油の中で焼き殺された。伝説によると当日、竹矢来の外に洛中から見物の群衆が集まり、大盗の最後を見ようとしたそうである。五右衛門は一子を両手に高く支えて子供を沸騰する油の責苦から守ったが、ついに力つきてともに死んだといわれている。

三つ脚か四つ脚か

「五右衛門釜煎《うで》の釜」として伝承されているものがあちこちにあるが、真物と断定されるものは一つとして現在していないと思う。

著者は、これは三脚の大釜で脚は外ぞりのものと推定している。絵を見ても四脚であったり三脚であったり、脚が内ぞりまた外ぞりとまちまちであって、一定していない。

慶長年間、奈良奉行、井上源五郎が、伏見城にあった五右衛門処刑の釜を領収して奈良に運搬したといわれている。しかし、その釜らしいものが奈良監獄分署に保管されていて、警務協会に寄附された由であるが、聞くところによると、その釜はたいへん小さいもので、とても人を煮殺すような代物でないとのことである。恐らく、同型の模型ではないかと推定される。

烹　刑

第六章　柴漬《しばづけ》刑

水葬礼

囚人を縛り上げ、柴で包み荒縄でぐるぐる巻きにし大石を結びつけて錘とし、水底に沈めて殺す方法を「柴漬」と称し、古来各地で数多く行なわれた。

有名史実としては、源頼朝の命により、源義経と愛妾静御前の間に生れた嬰児を「柴漬け」として鎌倉の海に沈めた事実がある。また、『義残後覚』の記録中に、大内義隆が、婢女を中津川において「柴漬け刑」にしたことが見えている。

簀《す》巻《ま》き

前述の「柴漬け」にならい後世、「簀巻き」と称する「水葬礼」が、博徒や盲人の仲間での私的制裁にしばしば行なわれた。

俗に、「水を呑ませてやれ（註10）」というのがこの「簀巻き」である。簀または荒莚などで巻き、荒縄でぐるぐると縛り上げて、水中に投入する。もちろん本人は泳げない状態にされているのであるから、水を呑むか、窒息して死んでしまう。

荒縄で巻いた上に、大石の錘《おもり》をつけて投入する場合もある。この場合は、完全な死刑である。

（註10）丸山応挙筆の「禍福図」（七難七福図）中に、水責めの絵が描かれている。梯子に縛りつけられ、顔に布をあて、その上から水を次々にかけると、呼吸の都合で水は胃の中に送りこまれ、腹がふくれていく。梯子を逆さに立てて腹を押すと水が吐き出される。これを繰り返す。

柴漬刑

第七章　劓　刑（はなそぎ）

微罪は鼻そぎ

「鼻そぎ刑」は、『類聚名義抄』によれば、「鼻かく」、「鼻さく」、「鼻柱《はなばしら》える」、などと呼ばれていて、上古の史実には発見し得ないし、中古の律令にも見当たらないが、民間私刑においては、しばしば行なわれたものと推定される。

史実として古いところでは、元暦二年（一一八五）後白河法皇の院宣の副使花方という者が、平忠卿のために、鼻を切りとられたことが、『源平盛衰記 三十八』に記載されている。

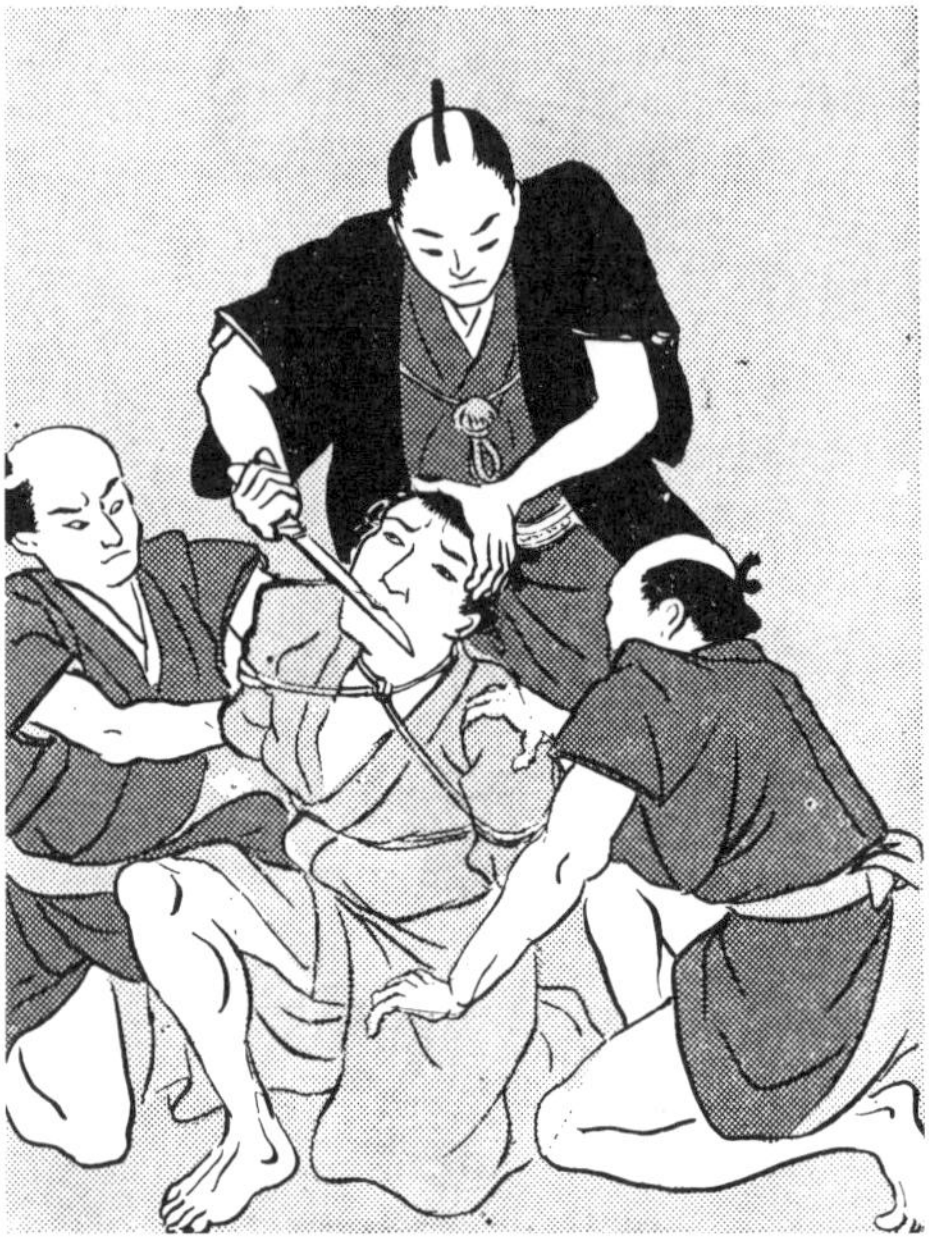

劓刑

弘治二年（一五五六）斎藤道三の首の鼻をそいだ記録がある。

天正二年（一五七四）長島城を脱出しようとした男女二千名ばかり（一説には千人ともいう）が信長軍に捕えられ斬られたが、その折、耳と鼻をそいだと記録されている。

天正十年、高遠城主、仁科信盛が、投降をすすめに来た信忠の使僧の鼻と耳を切って追い返したと記録がある。

このように戦国期において武士の間では、死一等を減じた場合や、微罪の場合、鼻をそいで命だけは助けてやるという方法が、しばしば行なわれたことを物語っている。

江戸時代の鼻そぎ刑記録

慶長十四年（一六〇九）日蓮宗の僧、日経《にっきょう》、連源《れんげん》、玄聴《げんちょう》、玉雄《ぎょくゆう》、可円《かえん》、琳碩《りんせき》の六名は、他の諸宗を誹謗《ひぼう》したかどで呼び出されたが、あくまで自説をまげないで、ついに日経は耳と鼻をそがれ、他の五名は鼻をそがれた。その中琳碩は、あまり深く鼻をそがれたため出血多量で、ついに絶命したと記録されている。

寛文元年（一六六一）金沢藩の侍方長屋に忍びこんで、木綿着物帷子《かたびら》を盗みとった者一名、耳と鼻をそいで追放。

寛文五年、江戸において、奉公人の請人《うけにん》（保証人）に立ったにもかかわらず、その責任をとらなかった者二名、鼻をそいで、江戸五里四方「所払い（追放）」の刑に処すと『御仕置裁許帳』に記載してある。同じく『御仕置裁許帳』に、寛文七年、類似（前述）の罪状によって、鼻をそぎ江戸町中追放の刑に処すと記載。

寛文十年、金沢藩で、御横目《よこめ》（監察官）と詐称して賂《まいない》（袖の下、わいろ）をとった浪人一名、耳と鼻をそぎとり追放の刑。

寛文十年、博奕《ばくち》宿をなした者一名。鼻をそぎ金沢領より追放。

寛文十一年、流しもちで鴨四羽を獲った者一名、鼻をそぎ金沢領より追放。

寛文十二年、金沢藩で、他国米を買い占め、役人の封印を拒《こば》んだ者一名、耳と鼻をそぎ金沢領より追放の刑。

天和二年（一六八二）『御仕置裁許帳』記録によれば、請人に立ち、不都合の処置あった者一名、日本橋たもとに三日間「晒《さら》し」の上、鼻をそいで追放の刑に処す。

享保三年、長崎で公布された律令には、抜荷（密貿易）商売につき、本人は耳をそぎ家財の中相応に取り上げ追放の掟があって、公刑として耳そぎが行なわれたことが、『憲政類典二の二十三』に記載されている。

『公裁泌録』には、享保三年定めとして、「耳、鼻をそぎ候科《とが》の者より、一等軽き品の者は向後腕に、廻輪、幅三分程二筋入墨《いれずみ》、致可申候《いたすべく》」という記録があることから推定しても、江戸時代各地において鼻や耳をそぐ刑が、しばしば行なわれたものと思う。

宝永六年十二月二十六日付の覚書（これも『憲政類典四の五』に所載）には、これに制限を加え、「耳、鼻をそぎ、または指などを切り候ようなること、向後無用可被仕《につかまつるべく》」といっている。つまり、耳や鼻や指を切らないで、これらを「笞打《むちう》ち（尻たたき）」刑に変えたのである。

公刑においては宝永以後、鼻、耳、指を切ることはなくなったが、博徒、てきやの私刑においては、今日もなお、「指をつめる」と称して、小指、薬指などを切りおとすことが行なわれている。

刑罰ではないが、「鼻そぎ」について興味のある話が『雑兵物語』の中に出てくるので述べておく。

上唇《うわくちびる》をそぐこと

戦場で敵兵の首級をとった場合、首を数多く持って帰陣することは、なかなか重いので実際上不可能なことであるから、敵屍の鼻をそいで首をとった証として持ち帰るのであるが、その場合、鼻だけそいで持ち帰っても、それが女人の鼻か小児の鼻かはっきりしないので、功名手柄のしるしにはならなかった。

そこで鼻をそぎとる場合には、上唇をいっしょに、そぎとってくることが必要であった。

上唇がついていれば、ひげの具合などで、それが男の鼻であることがはっきりするからである。戦場では、敵の捕虜の鼻や耳をそぐことはしばしば行なわれた。

京都に「耳塚」(註11)という塚があるが、これは豊太閤の朝鮮征伐のとき、加藤清正が斬りとって持ちかえった捕虜の数多くの耳を埋め葬った塚である。

アイヌの劓刑

『三省堂百科大辞典』の中の「はなそぎ」の条に、アイヌ夫妻で両名とも鼻をそぎとられた者の写真が掲載されている。

この両名は札幌附近のアイヌ部落、豊という所に明治二十七年ごろ住んでいたアイヌ人で、夫妻とも数度盗みを働いたため、「鼻そぎ」の刑に処せられたものである。

姓はチャリサンゲといい、明治中期まで、「鼻そぎ刑」の実物が生き残っていて、写真もあることなど珍しい例である。

昭和六年、七年頃、東京郊外東長崎に住んでいた著者は、土地のベビー・ゴルフ場で、六尺豊かな長身を灰色の絹の長ざん(支那服)に包んだ男をたびたび見かけて、いつしか口をきくようになった。この男は鼻がなく、短い口ひげをはやした四十五、六才の鋭い目付きの男であった。

少し親しくなってから、著者は思いきって彼の鼻の由来をきいて見た。

彼の身の上ばなしによると、著者の想像していたとおり支那浪人で、支那の奥地で馬賊連中との話のもつれから私刑にあい、縛り上げられ殺されるところを、死一等を減じられて、鼻をそぎ落され放免されたのであるということであった。

支那は古来、「劓刑」の盛んに行なわれた土地であるから、大正時代の支那奥地で、私刑として「鼻そぎ」が行なわれたとしても当然の話であって、なにも不思議ではないのである。

（註11）古代中国の処刑方法に、六所斬りとよばれる惨刑があった。死刑囚を全裸にして刑架に縛りつけておき、まず鼻を削ぐ。次に両耳をおとす。次に局部（陰茎、または陰門）をえぐりとる。最後に両脚を斬りはなす。日本でも、この六所斬りを真似て、嫉妬によるリンチなどの場合行われた。

第八章　斬首

十両で笠の台がとぶ

「十両盗めば首がとぶ」と俗にいわれているように、徳川幕府の律令においては、十両が生と死の境界線となっていた。九両三分までの強盗は遠島ぐらいですむが、十両ともなれば死刑である。死刑の一種として「斬首刑」が行なわれた。

「斬首刑」には四つの種類があった。

「死罪」、「下手人」、「斬罪」、「切腹」の四種である。

「死罪」と「下手人」は、平民（農工商）に与えられた「斬首刑」で、「斬罪」と「切腹」は士人（侍）以上のものに与えられた「斬首刑」である。

「死罪」と「下手人」の違いは、「死罪」には附加刑として「闕所《けつしょ》」（本人の財産を幕府が没収する刑）がつけ加えられ、「下手人」には附加刑がない。

僧侶の場合は「死罪」、とくに大寺の和尚などの場合は「斬罪」に処した。

以上四種は、首を斬ることにはなんらの変わりはないのであるが、身分の高下により、また罪の性質によって刑名を区別し、行刑の手続き、罪囚の取り扱い、斬首の場所、方法などを異にしたものである。

すなわち、「死罪」と「下手人」は牢屋敷内斬場において首をはね、「斬罪」は、浅草刑場（後の小塚原刑場）、品川刑場（鈴ヶ森刑場）で斬首する。「死罪」、「下手人」の場合は目かくしを施し、「斬罪」の場合は普通目かくしを施さずに斬る。

幕府の律令のもとに死刑を行なう場合の模様を詳述すると、次のとおりである。

「斬首刑」の囚人には、当日までなんの予告もしない。いよいよ執行の日になり、刑場、斬手など一切の準備が整ってから、罪人を引き出すのである。『徳隣厳秘録』の記録によると、細大もらさず「呼出し」の様子が書き留めてあって参考になるので、次に述べておく。

死罪御仕置之事

死罪の者があるときは、執行の前夜、町奉行から、牢屋敷典獄の石出帯刀《たてわき》の玄関に使いが来て、半紙に何の国、何々宿、何某と、打首にする囚人名を書いた書付を届けて行く。

打首一人ならば一枚、二人ならば二枚と人数分の枚数を置いて行く。

表向きには、牢内に報知できないことになっているが、そこは、地獄の沙汰も何とやらで、張番薬部屋の係りの者が、この紙の内容を写しとって、翌朝、牢内に薬をわたす時に、そっと牢名主に手渡してやったものである。いよいよ執行の刻限になると、鎰役《かぎやく》、打役、残らず牢庭に出揃って、牢鞘《ろうざや》出口に待つ。鞘内《さやうち》には牢番同心両三名、無腰の下男八人が立ち合う。以前は脇差を帯びていたのであるが、死刑囚が最後の抵抗を試みて、脇差をうばいとり事故を起こしたことがあり、それ以後無腰で立ち合うように改正された。

鎰役《かぎやく》が鞘内に入り扉をあけて大声で、「大牢、御仕置の者がある。何々の守殿御かかりにて、何国何宿何某、何才、何月何日入牢」と呼びかけると、牢名主大声にて答え、「おります何々守《かみ》様御かかりにて、何国何宿、何某、何才、何月何日の入牢、外に同所同名はございません」といい、当の死刑囚に向かって「何某御用だ」といいながら「極め板」をなげつける。これを合図に役囚人三名が後左右から御仕置者を引きとらえ、「しっ、しっ」と掛け声をかけ、戸前より、正面の羽目におしつける。牢番下男これを受け取り、留口に取り囲み、切縄をかける。

ほかに死罪のもののない時は、鎰役が大声で「揚《あが》り屋、二間牢、御沙汰はない」という。牢内の名主、牢役たちが安心して「あー」と声をあげるのであるが、その声があまり大きいので、牢外の者までが、今日、死刑執行のあることを知ったということである。

また牢内御仕置者がある時は、その夕刻から、牢内一同題目（南無妙法連華経）を唱えるしきたりがあったという。鞘内で、切縄をかけた囚人を、鞘外の鎰役は、携えた出牢証文と照合して本人に相違ないことを確かめると、鞘口から打役が繰り出し、下男が縄尻をとって、改番所に引き立てる。

改番所では、鎰役が証文と照合して手違いのないことをさらに確かめた後、打役の一名が牢屋見廻詰所前に行き、「御仕置者を差し出しました」と報告する。

検使一同が改番所に出張ると、鎰役は検使に、書類と当の囚人を引き渡す。

検使与力は框《かまち》に腰をかけ、その前に囚人を引き据えて本人に相違ないことを確かめたのち、「死罪言渡書」（科書）すなわち七寸半切紙《はんせつ》にかいた「死罪宣告文」を取り出し、高声に朗読する。

「申し渡しの趣《おもむき》、承《うけたまわ》るべし」と読みはじめ読みおわると、死刑囚は「おありがとう」と答える。やがて役人が囚人を取り囲み、牢前を通って刑場入口に進む。御仕置者が牢前を通過するとき、牢名主が戸口まで出張って哀別のことばを述べるのが習慣となっていた。

検使その他の役人は、死刑場右手の埋門《うずみもん》を出て斬場に入る。

囚人は左手の入口から入れられ、ここで囚人に「目かくし」を施す。

「目かくし」は、半紙を二つ折りにして、折目に細い藁《わら》縄一筋を通し、目をふさぎかくして、頭のうしろに結ぶ。

打役四名が、白衣黒羽織、脱剣の姿で先行し、囚人は目かくしされたまま三人の非人に引かれて進んで行く。鎰役は今一度囚人の名を聞き質し首の座に引き据える。

牢屋敷内首斬場

牢屋敷内の死罪場(註12)は、百姓牢の東南片隅、東南と東北を練塀《ねりべい》に、西南方を板塀に囲まれた三百坪余の一角で、百姓牢後通りから右と左、二ヶ所の入口がある。囚人の入る口はこの左側の口であり、検視役ほかの役人の出入する口はこの右側の口である。

右側の門を入ると検視、石出帯刀、見廻り与力の控える場所と物置がある。

場内中央に御ためし場があり、ためし場の手前に鎰役五名が控える。

場内正面奥練塀に近く、柳の植込みが一間半くらいあって、手前に血溜めの穴がある。血溜穴《ため》は長方形横に長く、使用しない時は厚木の蓋をしておき、首斬りの際は蓋を取り除き、斬首体をうつぶせにして切り口から噴出する出血を落すための用意である。

血溜穴の左に当日の首討役が控え、その左後ろに水をはった手桶をおく。

手桶の握手のうえには、半紙一帖をかけておく。首を打ちおとした後、手桶の水を小ひしゃくで注ぎかけ血潮を流し、この半紙でぬぐうのである。当日の首討役の後ろには、打役四名と山田浅右衛門とその弟子たちが三、四名横に一列に並んで控える。

血溜穴の手前には、莚《むしろ》一枚を敷き、手伝い人足三名が囚人を後ろから押えて、草履を脱がせ、その莚の上引き据える。

手伝い人足の一名は、腰の小刀をぬいて、切縄の背結びから上の部分、首にかかった部分の咽喉《のど》縄を斬り捨てて、着物を引き下げて肩と上膊までを露出させ、首をさしのべさせるため、囚人の両足の拇指を強く後方に引いて体を前に押し出す。

斬首

首討役の町同心か、山田浅右衛門の首斬刀が一閃すると、首はにぶい音をたてて体をはなれて落ちる。手伝い人足は首のない屍体を血溜穴にかたむけて血潮を穴におとす。

首のおちるのを見届けると、与力その他の諸役退出して「打首」を終わる。

首を「獄門」にかける（晒し首）場合は、血溜穴の右方にも手桶をおき、首をきれいに洗い首俵に入れる。囚人の着物ははぎとって、非人が役得として彼らの所有としてしまう。

首斬り刀

普通、首討役は町奉行所同心の中、手馴れた者か、当番の同心が執行するのであるが、新身の刀を試す場合は、平河町居住の浪人で据物斬りの名人といわれた山田浅右衛門より試し料として若干の金子を出させ、浅右衛門に代行させた。また首斬りの場合、研代として金二分を下されるのでこれは同心の所得となった。

死罪に用いる首斬り刀は、別に一定しているわけではない。牢屋敷にそなえつけの刀を使用することもあるし、討役が自分の佩刀を用いる場合もある。現在回向院その他に残っている首斬り刀は、長さ刃渡二尺八寸五分、反りのつよい長いものが多い。

二尺二寸ぐらいの反りの浅いものもあって、一様ではない。山田浅右衛門吉亮《よしふさ》の愛用刀は、濃州関住人孫六兼元作、二尺三寸五分であった。

むずかしい首斬り

後藤という同心で首斬りの達人がいて、左手に雨傘をさし、右手に刀柄を握り片手討ちに、ばさりと斬る。濡れ手拭を強くはたくような音がするだけで首がころりとおちる。大して血も飛ばせない。たてつづけに三人でも四人でも無雑作に斬ったという話もあるが、首を斬るのは、なかなかむずかしいものであったらしく、罪人が身をもがいて動いたり、討方が不馴れだったりして頭や肩に斬り込み、囚人は苦痛のためあばれ出し、うまく斬れない場合もあった。こんな場合は、手伝い人足たちが両足を引っ張り、うつ伏せに押しつけておいて、討役が首を挽き切るのである。

「獄門首」の場合は、切口が台上にうまく据わるように、ぐあいよく切らなければならないので、一層熟練を要したといわれている。

名人とうたわれ、首斬り浅右衛門と仇名《あだな》された浅右衛門（第十章で詳述）でさえ、その口述書の中で、「刑場に臨みますと多くは罪人を見ません。罪人を見るとどうもいけませんから、まず自分の役廻りにならぬ間は一刀を手挾み、空などを仰ぎ、高き樹木があれば、その樹木の葉の揺曳《ようえい》（ゆれうごく様子）などを見ておりますうちに、用意万端整い、宜《よろ》しいとなって、どたん場に向うとき、罪人を『はった』とにらんで『汝は国賊なるぞっ』と一歩進めると同時に柄に右手をかけます。（中略）実を申しますと、三百人から斬っておりますが、どういうものか、斬りますときには目がくらんで四辺暗黒となり、ただ一条の刀光だけが閃《きら》めくので『はっ』と目が醒《さ》めます。ただし三人、四人とつづけ斬り致しますと、今度は四辺が明白となり、罪人が女だと、おくれ毛が風に揺らいでいるところまで、はっきりと見えます。いまでも不思議に思っております」と述懐しているように、浅右衛門のようなベテランでさえ、一人目を斬るときは、いつも一種の貧血症状を起こしたのではなかったかと思う。

ある人は、斬られる囚人がとても大きく見えて、どこを斬ってよいか判らなくなるような気分に襲われたといい、ある人は小さく見えて、刀が振り下ろせなかったという。

三段斬り

三段斬り

金沢藩では斬罪のうちでも、珍しい三段斬りという極刑を行なったことで有名である。

三段斬りの方法は、罪囚を後ろ手に縛り上げ、縄尻を高いところや樹木の横枝などにかけて宙釣りに吊す。頭が上になり、脚が下方に向いている罪囚の腰から下を一刀で斬りおとすと、宙に残った頭と胴はバランスを失って、頭が重いため、ぐるりと半回転して、頭が下方に向き、胴の切り口が上になる。

その瞬間をねらって、今度は首を斬り離す。この三段斬りは、見せしめのため野外の刑場で衆人環視の中に行なったというから、当節流行の残酷ショウさながらである。

斬り口から蕎麦

北九州市小倉区日明に旧小笠原藩の刑場があって、その刑場跡には大きな石地蔵が残っていた。古老の話によると首を斬った切り口から「そば」が出てきて気持ちがわるかったということをよく聞かされていたので、この首切り地蔵尊を見るたびに思い出して、いやな気分になったものである。

三島における昔噺にも、同じような話がある。三島では死刑囚を刑場に引いていく途中、富士の白雪が地底に溶けこみ湧き出るといわれている小浜の泉水附近の茶屋に立ち寄り、茶屋の前にある大きな平たい石の上に罪囚を坐らせて死刑を言い渡すならわしであった。その時、最後の慈悲を与えるため、死刑囚の欲しいものを食べさせてやるのである。ある者は酒を飲ましてくれというし、ある者は甘いものを食べたがる。また、この茶店の蕎麦は名物であるから、蕎麦を乞う者もいる。刑場は、この茶店から北に五丁行った場所である。刑場に引かれ首の座につき、斬首刀一閃《せん》、生首が血しぶきあげてすっ飛ぶと、斬り口の胴体から先刻はいったばかりの蕎麦が、だらだらと顔をのぞかせる。どう見てもあまりいい図柄ではないから、首斬り見物の連中もしばらくのあいだ、蕎麦がのどを通らなかったと古老たちが語っていた。

北九州市小倉区の旧陸軍兵舎内に、下屋敷火薬庫という陰惨な感じのする白壁土蔵造りの建物が、木立にかこまれた丘陵の中腹にぽつんと建っていた。

この下屋敷火薬庫のそばにある大きな古井戸こそ、小笠原公在城時代、斬り捨てた罪囚の屍体をそのまま投げこんで捨てたと言い伝えられ、歩哨に立つ兵隊が最も恐れきらう場所であった。真夜中に泣き声や悲鳴が聞えるとか、人魂が飛ぶとか怪異な噂が立てられていた。

（註12）斬首刑の行われた正確な位置がわかっているのは小伝馬町牢屋敷跡。現在は十思小学校と隣接した公園の前にある大安楽寺の門前。小塚原刑場は回向院隣りの延命寺の左側、引込線をこえて建てられている公団住宅の敷地内。小石川区台町余丁町にあった東京監獄の首斬場（高橋お伝や清水定吉など斬首）は台町坂の十三番地観音八百屋裏手のマンション敷地内。数メートル左手前にそれた場所に観音堂が祀られている。

第九章　試《ため》し斬り

試し斬りの作法

「試し斬り」というと、ただ刀の切れ味をためすことで、今日から考えると巻藁でも切って見ればくらいに手軽に考えるが、なかなかそう簡単なものではなかった。

武士の魂である刀剣武器の利鈍を試し、刀の切れ味を公の場で定めるものであるから、その手続きや方法に厳格なしきたりが存在した。その結果は公認されるものであって、刀の中心《なかご》（刀身の柄に入る部分）に金象眼または切り付けで、試した年月日、裁断の結果成績、斬手の姓名花押を刻み込む。

この裁断銘によって、その刀剣の武用としての位列が大たい決まり、価格も相場づけられるわけである。

まず刀を試してもらいたい場合は、山田浅右衛門に、「試し料」（これは相当高価なものであったらしい）を添えて刀をあずける。

浅右衛門は、その刀に書付を添えて腰物奉行に「試し斬り」を願い出る。許可がおりると、腰物奉行から町奉行に掛け合い、牢屋敷との連絡後、死罪の者のある日を限って日を決定する。試す屍体は、死罪と下手人に限り、斬罪と切腹の屍体は「試し斬り」には使用しない。

つまり、侍と僧侶の屍体は使用しないわけである。そのほか、婦女、穢多、非人、混瘡病者（皮膚病患者）の屍体も使用しないことになっていた。

当日斬首刑が終わって一同詰所に引き上げるうち、首のない屍体を裸にし、血潮など洗い清め、死刑場中央の御た

試し斬り

めし場に運び移す。

御ためし場には、土壇二ヶ所を築く。

土壇の寸法は、高さ二尺四寸、長さ二尺五寸、横幅一尺五寸、とされていた。

この土壇のうえに、屍体を仰向けにおいて「試し斬り」にするのである。

検視の役人たちの席には、薄べりを敷きつめ、検視席から、御ためし場までの間には、白砂をまき、検視席のわきの物置きは、山田浅右衛門並びに手代、弟子たちの席として整えられる。そのうち腰物方の刀剣鑑定者本阿弥《ほんあみ》とその手附、立合いの徒目付をしたがえて腰物奉行が現われ着座すると、牢屋見廻りが大声で「場所、支度整いました」と申告する。

腰物奉行、囚獄長石出帯刀、立合い徒目付、牢屋見廻り等の席は横正面で、腰かけて見分する。小人目付、鎰役、打役は、御ためし場手前につくばっている。山田浅右衛門並びに手代り弟子は熨斗目《のしめ》麻裃《あさかみしも》をつけ、そのほかの弟子は麻上下をつけて、つくばい控える。

死刑場の左右入口は町方年寄同心二名と、牢屋打役同心二名で固め、関係者以外の者を入れぬように見張り、表門は牢屋同心二名が固めている。

やがて時刻になると山田浅右衛門の差図によって、非人が二人で屍体を吊り持ちして、用意の土壇の上に仰向きに据え、土壇の両側に青竹を二本ずつ計四本打ちこんで、屍体が動かぬようにはさみとめ、青竹の頭部を縄で前後に縛り固め、非人一名は屍体の両手を合わしてのばしたところで押え、他の一名は両足を一つに引き合わせて押える。

腰物奉行は、試すべき刀を浅右衛門に手渡す。浅右衛門は受け取って押しいただき、用意の切柄と、重量調節のため鉛鍔をつけ、刀の調子を整え終わると、静かに肩衣《かたぎぬ》をはね両肩をぬき、右手に業物《わざもの》をひっさげて、すべるように土壇に近づき、まず屍体の胴に刀の棟《むね》を当て、身体をひらいて左手を砂につけて、検視席に会釈し、ついで両足をそろえて立ち、刀を背に負うほどにふりかぶり、つぎに、膝を深くまげており敷き再び立ち、心気満ち満ちた一瞬、矢声もろとも打ちおろす。

胴が斬り離されると、非人が左右から手と足を引っ張って、少し引き離す。

このとき、腰物奉行は席を立ち、近づいて見届け、また元にもどって着座する。

やがて浅右衛門から、切った箇所、斬味《きれあじ》の良否、判定の書付を腰物方《こしものかた》に呈出する。

切柄と鉛鍔

切柄《きりつか》というのは、試し斬りに使用する特殊な堅木製の刀柄で、四、五本用意しておけばどんな刀身にでも合うように工夫されたものである。二枚の堅木の内側を中心形にくり抜き、目釘穴が二個または三個あけてある。

柄頭に近く丈夫な鉄釘を打って二枚の柄木が、柄ぶちにかけて、くさび形に開くようにしてある。刀身の中心《なかご》をこの二枚の間にはさみ、目釘をうち、丈夫な鉄の環を箍《たが》にしてはめ、二片が開かぬようにとめる。

このようにすると、中心《なかご》の大小長短、形や目釘穴の位置など自由に、大ていの刀身に合って、びくともしない丈夫な柄になる。

刀の切れ味は、刀の重量の釣り合いによって大きく影響されるし、裸身では真の釣り合いとはいえない。その理想的な釣り合いをその場で整えるために、重量のある鉛製の鍔《つば》を数枚用意しておき、刀身につけて試し斬りをするのである。この鉛鍔の目方には種々秘伝があって、据物斬りの各流派、各々異なった見解をしているようである。流派によっては銅鍔を用うるものもある。

脇差しを片手打ちで試す場合など、ことに鉛鍔の必要があると強調されている。『山田流秘伝』には、刃渡り九寸五分まで三百匁。一尺一寸より一尺六寸までは二百十匁。一尺六寸より二尺五寸までは百二匁とある。

平地と土壇

古い時代（江戸期以前）の裁断銘に、「平地払い」という言葉が刻んであるものがある。これは胴を切り離して平地に斬り込んだ意であろうと思われる。

江戸時代の業物の中では、「二胴切落し土壇払い」というぐあいに、土壇になり、平地というのは見当らない。まれに大変に古い裁断銘があり、室町末期から刀剣の利鈍を試して、その結果を記録するということが行なわれていたのではないかと思う。記録としては、織田信長の家臣で、谷大膳という侍大将が、安土郊外で屍体を見つけ、佩刀の切れ味を試したことが見えている。

据物斬りで、刀の中心に切り手として姓名を残している者は、慶長元和のころの中川左平太重興をはじめ、中川門下の山野勘十郎久英、小山田昌道、多田久右衛門、山野加右衛門尉永久、宮井六兵衛重頼、金子助之亟、村井藤右衛門など四、五十名であった。

有名な山田浅右衛門は、宝永のころ、浅右衛門貞氏という切り手があり、代々襲名して、吉時、吉継、吉寛《よしたか》、吉睦、吉昌となり、幕末にいたり八世浅右衛門吉亮《よしふさ》になっているが、吉亮については第十章で詳述する。

空前絶後の六胴切り落し

著者の見聞によっては、新刀大和守安定の刀で、「六胴切り落し」の銘のあるもの、また、作者銘は失念したが、「七胴切り落し」の金象眼銘のある刀を見せられたことがある。

屍体を六個も七個もつみ重ねると相当の高さになるし、果たしてそんなに斬りおとせるものかと疑問をいだくのが当然であるが、大業物を達人がふるえば可能であるかもしれない。

浅右衛門の打明け話に、刀の刃のある種のものは、屍体を湯で温めておいて斬ると、すばらしい斬れ味を見せるという話があるから、刀と技と秘伝によって、総合の威力を発揮するということも考えられる。

試し斬り、秘伝の数々

「据物斬り」の秘伝は各流派に種々伝承されていて、山田家々伝の秘伝だけ取り上げても、一冊の研究書になるくらい、書き残されているが、あまりに専門的になると本筋から離れるので、興味深い箇所一、二を述べておく。

山田浅右衛門家伝の斬方のうち一方として

「手の内左右共に強くにぎり、中にも小指、薬指を強くかけ、ひじの張る心持やわらかに、息込胸のかたの廻りにあるやうにし、腰のうちに息少しもなく、大刀先風にのるごとくし大刀先いかにもやわらかに、手の内左強く右少しく弱くうち込む」

斬方のうち、第二の方法は、

「さては、息込胸の間にあるように引上げ心持いかにもやはらかに、手の内堅く取り、左強く、右少しく弱く、大刀は鞠《まり》を糸にてつりたる心にもちて、足広さ一尺五寸、爪先からふくむ。これかまえの形」

「えいやっと、大刀先強く打ち下すに、手の内左右ともに強く締める。腰やわらかに足の広さ一尺、きびすをあげ、爪先を強く踏む。打込む時、ひじ少しくまげて引く心持ちにて、すなわち大刀先強く切りさげる」

斬り方の例はこれくらいにして、秘伝書のうちの巻名と目次をあげておこう。

当流一流試者之巻。

立わり仕かけやうの事。同きりやうの事。立けさ仕懸《しかけ》やうの事。同切りやうの事。同目付所の事。おもひいれの事。あよびけさ仕懸やうの事。同きりやうの事。行わかれ仕懸やうの事。同切りやうの事。払胴仕懸やうの事。同切りやうの事。鐺くりためしの事。脇差つきためしの事。請物切りやうの事。

当流一流免前之巻

四分六分の事。片手打の事。二つ胴片手に

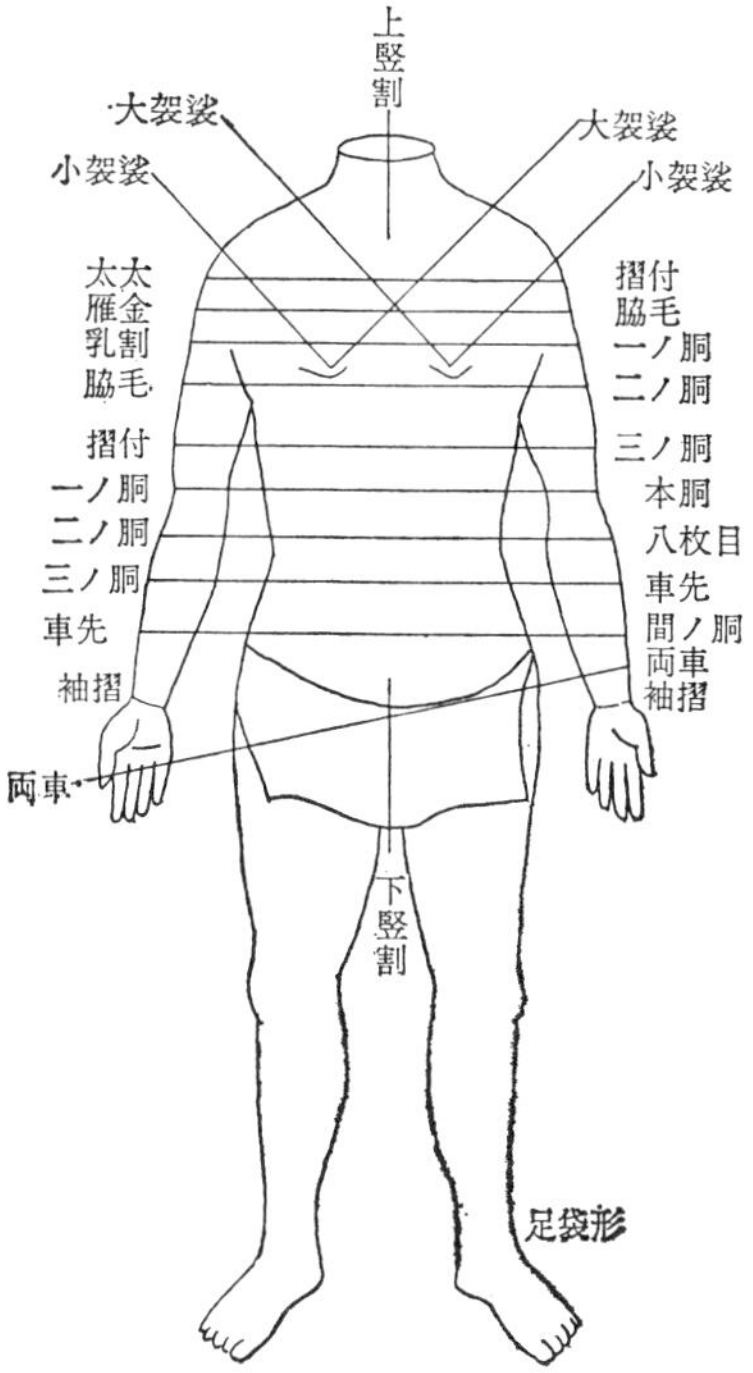

試斬胴名所の図

て切りやうの事。三つ胴仕かけやうの事。同切りやうの事。同つばの事。夜の土壇の事。矢だめしの事。かうべ鑓《やり》(註13)にて突きやうの事(附、十文字つきやう)。かいしゃく仕やうの事。刀脇持かっこうの事(附、柄かっこうの事)。刀居物にあてようの事。刀脇持刃引の事。ねたばを好む事。

当流一流試者極秘伝之巻

刃に色々様々の次第之事。袈裟《けさ》縫様之秘伝之事。片手打秘伝之事。片手打足ふみ秘伝之事。片手打心持秘伝之事。片手打おもひいれ秘伝之事。片手打無雙柄秘伝之事。片手打柄仕はめよう秘伝之事。片手打うでぬき秘伝之事。片手打直の秘伝之事。諸事ねたばの秘伝之事。

以上各目次につき詳細に心得秘事を解説しあますところがない。行き届いた工夫研究である。ほかに「当流試者秘伝歌之巻」というのがあって、五十首の極意の歌がみえている。一、二例をあげると

身をたえて人を斬らんに足手をば
　水行鳥のかたちなるべし
打つくる時はむかふの山をわり
　末はならくのそこなしと知れ
二つ胴かまえて切るは太刀と身と
　つばと心をつりあいてひけ
両車きれというともじたいせよ
　千に一つもきるる太刀なし

(註13)槍の利鈍をためす場合は斬りおとした首級を土壇に埋めておき、顔の半面から額を狙って槍で突く。

第十章　首斬り浅右衛門吉亮《よしふさ》

斬り落した生首三百個

八世山田浅右衛門吉亮は、十二才の年少の時から父吉利に従って刑場に臨み、その後十七年間、明治十四年七月二十四日、この日限りで斬首は廃止されたのであるが、この日に持兇器強盗殺人犯である巌尾竹次郎、川口国蔵の両名を斬ったのを最後として、首斬の家業は断絶した。彼が十七年間に斬首した囚人は、実に三百名といわれる。

山田氏は、首斬役人のように思われているが、それは間違いである。

元来、初代山田浅右衛門貞武は据物斬りの達人であった。徳川家御腰物奉行支配、山野加右衛門尉永久の教えを受け徳川家の御佩刀御用役として死屍を試していたが、牢屋敷で兼務してはという話し合いが成り立ち、浪人の身分のまま斬手と試しを兼務して、これが家伝の家業となっていたのである。

吉亮は十七才の時、雲井竜雄を斬っている。十八才のとき、夜嵐お絹こと原田きぬを斬った。二十五才のとき、高橋お伝、島田一郎らを斬ったことで有名である。

山田家は仲々裕福であった。試し斬りの謝礼が諸家から莫大に入ってくるし、麹町平河町の山田家では金二分で労症の薬を売っていたが、この薬には人間の胆《きも》が入れてあると噂され、重病の者は遠くからわざわざ買いに行ったそうである。

首斬りの呼吸

吉亮の口述書には、同家の秘伝、首斬りの呼吸についての口述がある。

これは、今日まで何人にも口外致しませんでしたが、そのとき、涅槃《ねはん》経の四句を心中に説します。第一柄にかけた右手の人差指をおろすとき、「諸行無常」、中指をおろすとき「是生滅法」、無名指をおろすとき「生滅生滅」、小指をおろすが早いか「寂滅為業」と言うとたんに、首が前にへおちるのです。

と語っている。

土壇場の表情

刑場に引かれ、いよいよ首の座につく者の表情はいかがであろうか、吉亮が語る各人の様子は、次のとおりであった。

前述の雲井竜雄は、旧米沢藩士二十七才の若者で小柄な体格であったが、最後まで神色自若少しも動揺せず、堂々と振舞い、固山《こやま》備前介藤原宗次二尺一寸五分の錆と消えた。

島田一郎は、大久保利通卿暗殺の一味の首魁であるが、明治十一年七月二十七日に一味の者長連豪（二十三才）、脇田巧一（二十九才）、杉本乙菊（三十才）、杉村文（一十八才）、浅井寿篤（二十六才）の五名も共に斬罪。島田は眼光けいけいたる偉丈夫で、獄を去るとき、大声で「愛国の諸君お先に御免」とどなり、最後の時に吉亮が「何か申し残すことは」と問いかけたが、無雑作に首をふって「ここに及んで申し残すことはない」と淡々とした態度であったという。

他の一味の者たちも皆落着いていて、さすがに胆力のある者と関係者を感激させたという。

夜嵐お絹こと原田きぬは当時二十八才、小林金平を痴情から石見銀山鼠取りで毒殺した犯人である。多情な婦人で、他人の妾となりながら多くの俳優と関係していた。とくに嵐璃鶴（後の市川権十郎）の胤《たね》を宿していて、権十郎は金平毒殺の共犯として三年の懲役に処せられている。お絹を明治四年九月二十六日、法規の改正により小塚原刑場に引き、公衆の面前で斬ることになり、小伝馬町女牢から小塚原に護送した。お絹は同囚から「未練を残さず往生を遂げるように」と渡された、飯粒をかため紙こよりで作った珠数を首にかけ、涙をさめざめと流しながら吉亮の愛刀関の孫六兼元の一閃に、刑場の露と消えた。

同じ毒婦でも市ケ谷監獄首切り場における高橋お伝の最後は凄惨であった。

斬り損ねたお伝

明治十二年一月三日斬首刑執行ときまり、刑場に引き出されたお伝は落ち着きはらって、「子を思う親の心を汲む水に、濡るる袂《たもと》の干るひまもなし」などと辞世の歌を残し、顔色も変えていなかった。

同日同所で安川己之助という囚人を斬首するので、いっしょに差しおいて置くと、この己之助は蒼白になっていて、「がたがた」ふるえて、すでに死人のようになっている。お伝はこれを見て、せせら笑い「お前さん何だね。この期《ご》に及んで男のくせに、妾《わたし》を御覧よ、女じゃないかね」と己之助を励ましていたくらい、不敵な態度であった。当日の検視は囚獄署長・大警部・安村治孝氏であった。お伝の最後は、吉亮の口述書に生々しい記録があるので、原文のままつぎに述べる。

高橋お伝を出させますと、「待って下さいまし」といいます。何を待つのかと思ったら、情夫にぜひ逢わしてくれというのです。「よし！ 逢わしやろう」といいながら刀の柄に手を掛けると、俄かに荒れ気味で、女のことですから「きゃっきゃっ」とやかましいから、検視の役人の方に告げようとしたら、安村大警部は首を振っている。

そこで、懇々《こんこん》とその不心得を聞かぜたが、首を振り斬らせまいとあがき始めました。このため男の名を呼んで猛《たけ》り狂うのを、一大刀浴せましたが、こつという音がしました。後頭部に当ったらしうございます。

お伝は「ひいーっ」という、聞くに堪えぬ不快な声を出して、一層狂い始めました。男の名をしきりに呼んで身をもがき、血は顔中に流れ、目かくしははずれましたから、まるで夜叉《やしゃ》のようでございました。

しかし最後には観念したらしく、高声で念仏など誦《とな》えておりましたが、斬ってしまいました。死ぬまで情夫の名を呼んでいたのは、お伝の心情を察するに足り、哀れでございました。

山田家の怪異

首斬り（註14）の御用をつとめて帰宅した夜は、山田家では蝋燭をあかあかとつけ、昼のように家中を明るくし、友人や門弟を呼び集め、芸者まで呼んで、どんちゃん騒ぎの酒宴をひらいたという。山田家の出費の中で蝋燭代、油代が意外に多かったといわれている。ある時は人相の悪い兇状持ちらしい男が、山田邸に現われ、どうせ首を斬られ胆をぬきとられて、お宅の家伝薬になる身であるから生前、前金で、俺の胆を買ってくれと掛け合ったという逸話もある。

浅右衛門が首斬りの御用で出向くときには必ず、自宅の仏壇に、その日斬首する人数分だけ蝋燭を点じて出かける。刑場で一人斬ると自宅の蝋燭が一本ふっと消える。二人目を斬ると、二本目が消える。全部の灯明が消えると、家人は、「今日の御用はもう終わった」といって主人帰宅の準備をする。ほどなく浅右衛門が帰宅するのが常であった。

刀箪笥から生首

さし絵画家の某大家が、芝巴《ともえ》町の骨董店で古い桐箪笥《きりだんす》を見つけて買い入れ、画室に置いて喜んでいた。鉄金物の飾りを打った丈の低い箪笥で、長さが四尺ぐらいあるので、長い巻紙や物差しなど収めるのに便利なものではあるし、時代色が何ともいえず良いので、来る人ごとに、「掘り出しものだよ」と自慢していたが、たまたま訪問した著者に、げっそりやつれた先生が、蒼い顔をして話したのが、つぎに述べる怪談である。ご本人は知らずに買ったのであるが、この箪笥は江戸時代の武家屋敷にあった「刀だんす」である。この箪笥を買い入れ画室に置いてから、時折妙な夢を見て、うなされるというのである。

人が寝しずまった真夜半になると、箪笥の引出しが、ひとりでに「すーっ」と音もなく抜けて、引出しの中から血まみれの、ざんばら髪の男や女の生首が、二つも三つも、ごろり、ごろりところがり出るというのである。

あまりの気味悪さに、大声をあげて家人を呼ぶと目がさめる。

「ああ夢だったのか」と、ほっとするのであるが、冷汗が全身にびっしょり、疲労でぐったりとなってしまう。

あまり度々同じ夢を見るので、箪笥をよくよく調べて見たところ、二段ある引出しのうち、下の引出しの裏板に、享保二年八月、山田家調と墨痕あざやかに書き入れてある。

どうもこの箪笥は、首斬り浅右衛門の使用した刀箪笥ではあるまいかと気付いたが、それからは恐怖症とでもいうのか、夜床についてもおちおちと眠れない。「早く売るか捨てるかしてしまいたいが、家人の手前そうも行かぬし、わけを話せば怖がるから誰にも話せない、ほとほと困っている。君はもの好きだから持って行ってくれ。名和君が欲しがるので差し上げたといえば、家人の手前好都合である」という話なのだが、どうも著者も生首というものはあまり好きではないので、願い下げにして帰って来た。

その後間もなく先生は亡くなられて、問題の箪笥はどうなったかわからないが、ちょっとした夏向きの怪談である。


（註14）鈴ヶ森刑場跡の大経寺の首塚には、道路工事中出土した頭蓋骨数百個を納めて回向してあるが、昭和の始めには鈴ヶ森海岸よりに「どくろ塚」といわれる塚があって、その穴の中に首斬りの「どくろ」が数百個ほうりこんであった。現在その場所は寺院とともに売却され大きな倉庫が建っている。

第十一章　獄　門（晒《さら》し首）

そこのけ晒首が通る

古い時代においては「晒首」は牢獄の門にかけたので「獄門」の名がある。

死罪、下手人の刑によって、斬り離された首と屍体は、家族が引き取ることはできない。したがって埋葬し墓を作ることは許されない。衣類はすぐはぎとって俵につめ、非人がかついで、千住小塚原刑場に捨てる。

もし大罪人であって斬首以上の附加刑として、「獄門」が加わる場合は、斬り手も注意して首が据わりの良いように巧みに斬りおとし、首をよく水洗いして首俵に入れ、上部の俵口を一ヶ所茶縄で縛り、さらにその上部を縄でとざし、その間に、長さ四尺の太い青竹を通し、非人二名がかつぐ。

首俵は長さ一尺八寸、横一尺二寸の丸い俵である。牢屋敷のあうち製の門に梟首《きょうしゅ》した時代を経て、江戸時代中末期になると「獄門」さらし首の場所は、品川鈴ヶ森か、千住小塚原に定められた。犯した罪の場所に晒すこともある。なぜ鈴ヶ森と小塚原を選んだかというと、一つは東海道の道筋であり、一つは水戸街道の道筋にあたる。ともに江戸に出入する通行人に見せるために適当な場所であった。

人通りも途絶えた淋しい鈴ヶ森刑場の松の梟木《きょうぼく》を背景に、朱色だんだら塗りの「福島欠所の槍」と捕道具を並べ立て、捨て札と獄門台があり、台上には罪囚の蒼白な生首が眼をむいて並んでいる。日暮れ時の街道を一人の旅人が恐ろしそうに、首を横目に見ながら急ぎ足で通り抜けている古画があるが、旅人にとっては迷惑な見世物であったに違いない。

そこのけ晒首が通る

「福島欠所の槍」というのは、江戸時代不吉なものの代名詞みたいに扱われていた。これは福島正則が領地を没収されて家が断絶したとき、福島家から幕府が没収した村正の穂先を入れた刃渡り三尺の大身槍で、柄は二間半、朱色だんだら塗りであった。村正は徳川家に祟る不吉なものとされていたので、幕府はこの槍を牢屋敷に下げ渡し、獄門台の飾り武器に使用されていた。

首を首俵に入れ用意が整うと、獄門検視、町方年寄同心雙方二名、警固の下役同心が付き添い、「引き廻し」に似た行列を組んで首を獄門場所に運ぶ。

その行列の模様を述べると、まず非人二人が六尺捧を持って先行し、つぎに非人一人が「捨て札」を押し立てて続く。

「捨て札」は、栂材の長さ六尺、幅一尺三寸、厚さ六分の板で、二寸角、長さ九尺の脚を一本打ちつけた木札で、その罪囚の犯した犯罪の大要と刑罰を、お家流で墨黒々と筆太に書いてある。

つぎに、穢多弾左衛門配下の者で、非人より身分が上の矢の者（谷の者）二名が並んで白衣帯刀で、抜身の朱塗りの長槍（欠所槍）をかついで続く。

その直後に、首俵を非人二人がかついで行く。つぎに、矢の者二名が突棒《つきぼう》と刺又《さすまた》をかついで続き、白衣羽織姿の非人小屋頭、牢領秋月、検視の同心、最後尾に警固の下役同心など、だいたい二十名近くの行列を組んで行く。

このようにして「晒し場」に到着すると、首を獄門台にのせ、検視はこれを見届けて帰る。

獄門台

その後は、台の少し隔たったところに、莚《むしろ》でおおった番小屋を設けて、番人九名が昼夜番をしている。夜は盛んに火をたいていた。

獄門台の材料は栂材であって、高さは地上三尺五寸、地下に二尺五寸、四寸角の足二本の下に、栂材幅一尺、厚さ二寸の台板を渡す。台板の長さ一人用四尺、二人用六尺、三人用八尺。この台板と脚を「かすがい」をもってとめる。かすがいの長さは六寸、爪の長さ二寸。かすがいの数は脚の正面に二本、側面に三本、両脚の合計かすがい数は十本である。

この台に、首をのせる位置を定めて下から逆釘二本を打ちだし、その釘先へ、上から首をつきさし、首の切り口とまわりには土を塗っておく。

この獄門台の横に杭《くい》を二本打ち、上部と下部に二筋ずつ縄をはり渡し、その間に、槍二本と、長柄の捕道具を二本、合計四本を立て並べておく。

鎌倉における獄門の晒首
（フランスのエッチングによる）

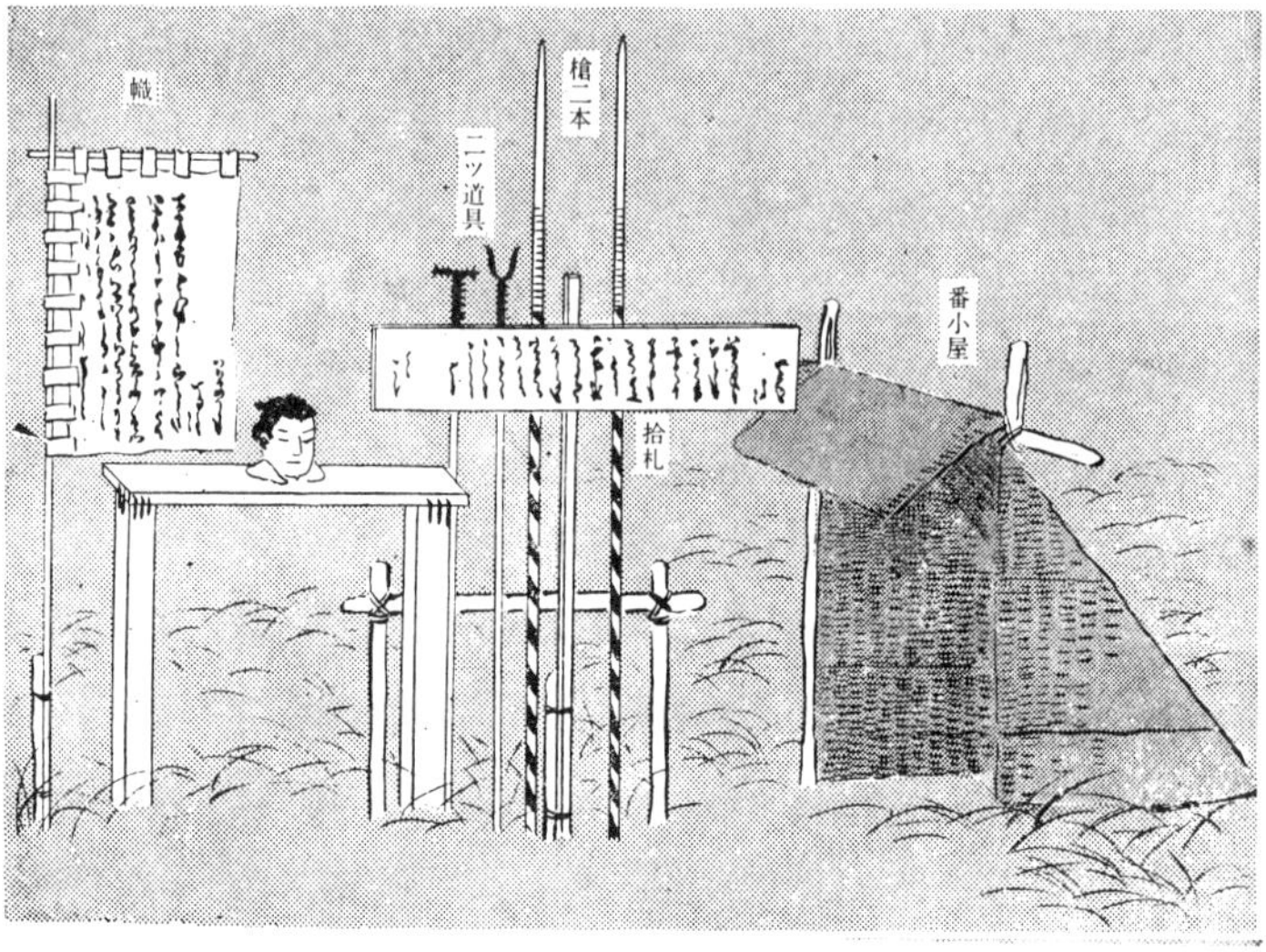

獄門台

「捨て札」は杭を一本うち、縄で脚を結びつけて台のそばに立て、見る人に罪囚の姓名、生国、年齢、罪状、刑罰を知らせるために立てておく。「獄門（晒し首）」の期間は、普通三日二夜と定められていた。

番小屋につめる番人は九名であって、上番人として矢の者六名、下番人として非人三名の構成であった。

三日目に「晒し首」は取り捨て、飾り武器の捕具二挺と槍二筋は、矢の者が持って奉行所に返還する。

「捨て札」は、三十日間はそのまま立てておいて、民衆に読ますのが定法であって、「お仕置場」（獄門台の横）と、日本橋、両国橋、四つ谷御門外、昌平橋外・赤坂御門外の六箇所に一枚ずつ同文のものを立てておくのである。

「引廻し刑」が附加された罪囚の首を「獄門」にかける場合は、行列（引廻しの）に使った幟《のぼり》を獄門台の左前側に立てる。幟のことは第十四章において詳述する。

これらの獄門の用具は、一般の人はいやがって作らないので、穢多弾左衛門が配下の者に命じて作らせ牢屋敷に納入していた。

『刑罪大秘録』の獄門の図によると、獄門台に向って左斜前に幟を立て、台の右斜前に捨て札を立て、台の右斜後ろに捕道具と槍を、向って左から突捧、刺又、槍の順に立て並べ、その右側に莚でふきかけた番小屋という配置になっている。

獄門首の写真

明治二年横浜くらやみ坂刑場に晒された獄門首の写真版によると、強盗殺人犯人六名の生首が晒してある。獄門台の右は捕道具と捨て札、御用の文字を書き入れた高張り提灯が二基立ててあり、その右側に番小屋が見える。台の背後は竹矢来で囲んである。

獄　門（殺人強盗犯人、明治２年横浜くらやみ坂刑場、英人ダローサー氏撮影）

この写真の撮影者は英国人の旅行者で、ダローサーという人である。獄門台の後方には、強盗の手引きをして、主人を殺害したため磔にかけられた十七才の質屋の小僧が、磔台の上で無惨な屍体となって写されているが、大変に珍しい写真である。この写真の発見者は、法学博士、岡田朝太郎氏で、牛込神楽坂の毘沙門天《びしゃもんてん》様の縁日の夜店を、ひやかして散歩中、古本見世で偶然発見し、驚きかつ喜び、一円五十銭というのをいろいろ押問答の末三十五銭で買いとったものであるというが、大正中期の三十五銭はなかなか高価な値段である。

写真は半紙折大のもので、裏に妙な英語が書いてあった。Year of Serpent（蛇の年）とあるので、磔の廃止された明治六年以前の巳年（蛇年）である、弘化二年、安政四年、明治二年の史実を調べていくうち

磔　刑（強盗の手引きをして主人を殺害した質屋の小僧、明治２年横浜くらやみ坂刑場、英人ダローサー氏撮影）

に、やっと横浜戸部監獄で、明治二年、くらやみ坂刑場で執行された処刑をダローサ氏が撮影したものとわかり、同類六名の斬首に使用した刀、磔に使用した非人槍、晒場の戒具が戸部監獄に保管してあったのを発見したので、刑事資料として、帝大法学部列品室に移管してもらい引き取ったと聞かされた。

裸で釘づけされた目明し文七

私刑の梟首（晒し首）は、幕末京阪地方では度々行なわれた。

天誅と称して幕府方要人や、裏切り者を襲い、暗殺した人の首を晒したり、屍体を晒したり、生きている人を縛って晒したりした話は維新史をひもとけば数多く見られる。目明し文七も、佐幕派の犬として勤皇派浪士たちに憎まれ、おびき出されて扼殺され、全裸にされた上、四条河原の杭に釘づけにされて晒されていたのを発見された。男根の上から太い杭を打ちこんであったという説もある。天誅絵巻には杭は描いてない。

殺すまでに詰問して相当手痛く痛めつけたらしく、屍体の検視にあたった町役人も恐怖したそうである。大の字なりに両手両足をひろげて太釘で打ちつけ、男根の上にも一本太釘がうち込まれていたという。

このような私刑の晒しの場合でも、公刑の獄門を真似てか、必ずといってよいくらい、捨て札類似の木札や、張り紙をして、首の姓名、罪状、ちゅうりく者（暗殺した下手人）の名を書きのこしている。

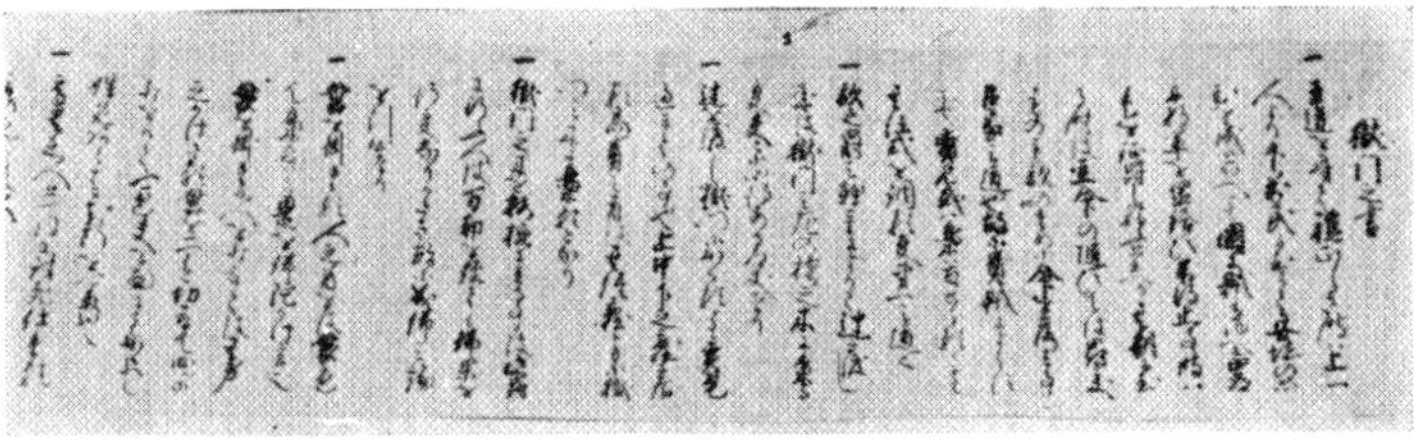
獄門の書

逆とじの首桶

切り離した首を遠隔地に運搬する場合は、腐敗するのを防ぐために、塩漬けにしたり、酒漬けにしたりして、かめに入れて運んだ。

また、身分のある人の首を運ぶ場合は、首俵に入れないで首桶[註15]を使用する。

首桶は曲物で、首の入るくらいの桶であるが、曲げた木のとじ方が、普通使用の曲物の桶と逆にとじてある。蓋はかぶせぶたにしてある。白木のままのものもあり、塗りをかけたきれいなものもある。

首実検と首刺し

また本人の首か否かをよく見分するために行なう儀式に、首実検というものがある。

首実検には、なかなかやかましいしきたりがあるが、現在も時折残っている貫級刀《くびざし》（雷除と俗に呼ばれる）を使用し、首の頭上から垂直に貫級刀をつきさし、貫級刀の柄の部分を握り、首を上司に向けて差し出すものといわれる。このさい、男の首は左頬を御覧に入れ、女の首は右側の頬を見えるように向けて差しだすしきたりであるという。

貫級刀は、長さ六、七寸の鉄製扁平な作り込みで先がとがり、刃は両側に垂直に近く細くつけてあり、握りの柄は中央に鎬《しのぎ》がつけてあり、柄末端近く猪之目型（ハート型を逆さにした型）の小穴がある。この穴は、首を打った者の姓名をしるした紙片を結びつけるためのものという。貫級刀には雷除の文字を刻んだものが多く、三品日本鍛治宗匠、菊紋を刻み、伊賀守藤原金道の作銘あるものが多い。

（註15）首桶の正式なものは、底の二、三センチ上に、もう一枚穴のあいた底がつけてある。首の斬り口から、したたる血のりが、二重底の下の層にたまって首が血に漬からぬための工夫である。桶ぶたはかぶせと一文字の二種類あるが卍の文字や梵字を墨書してあるものが多い。死者の呪い祟りを封じるためである。

第十二章　切　腹

切腹の作法

四種の斬首刑、すなわち、死罪、下手人、斬罪、切腹のうち、斬罪と切腹は士人（侍）に与えられる刑罰である。情状酌量の上、士分の面目を与えて死なせてやろうという場合は、切腹の刑を与える。罪状の程度から見ると、切腹は軽く、斬罪は重い罪である。たとえそれが形式だけの切腹であろうとも、切腹こそ武士が斬首の恥辱から免れる唯一の方法であった。

切腹の初めは為朝であると記載した文献もあるが、『保元物語』によると、「為朝二十八にて、家の中柱に後をあて、腹掻き切りたれども猶死なれず。後の骨をふっと切ってぞ死にたりける」とあり、腹切りの元祖かもしれぬ。江戸時代の切腹は、その法式がなかなかむずかしく、ただ、どうでもよい腹を切るというわけには行かない。まず場所であるが、牢屋敷内で執行する場合と、罪囚を預った大名などの屋敷内で執行する場合があった。

切腹の作法は種々な説があり、たとえば切腹人の坐る畳にしても、二枚（へりどりのないものともいう）を敷くのが定説であるが、天和二年、中川三郎左衛門の切腹には三枚を敷いているし、寛政三年、朝比奈弥治郎の切腹には八枚敷くと記録してある。

本書には、最も多く用いられたと推定される定説二通りと、伊勢貞丈の『凶礼式』を参考にあげることとする。まず身分ある者の場合、または、屋敷預けの者の場合の切腹作法を述べて見よう。

切腹は庭で行なうのが正式である。まず庭内を区切って場所を決め、一丈四方ほど砂を敷きならし、縁《へり》どりのない

切　腹

畳二枚を敷き並べ、その上に、浅黄色木綿の五幅蒲団一枚を敷き、蒲団の上に小砂をまいておく。

白布を用いないのは、鮮血による汚惨を少なくするための用意と思われる。

切腹の席が設えられると、左右と後ろの三方に白木綿の幕を張りめぐらす。

この白幕は、四幅《はば》幕で物見をつけないのがしきたりである。この後方の幕は左右から逆に喰い違いにして、切腹する当人の入口とする。この切腹席の幕外、右の方に莚を敷いて、普通の幕を張り、莚の上には、屍体を納める棺桶を置き、白張り四枚折りの屏風半隻を立てる。ここに介錯人（首打役）、介添人、屍休取り片づけの足軽七名、その足軽を指図する目付役、徒士目付が控える。

やがて定めの時刻になると、検視正副二名が切腹場に面した座敷の正面に着席する。

この場合、正使を右に、副使を左に徒士《かち》目付二人は縁側の左右に着座する。

縁側の下の小石を敷いたところ（犬走り）に検視に従って来た同心二名、左右にうずくまる。

やがて徒士目付が「切腹人差し出し候え」と呼ばわると、取り次ぎ役の侍が、同様に呼ぶ。声に応じて控えていた介錯人が無紋の着物に裃《かみしも》をつけ、袴の股立《ももだ》ちをとり、脇差（小刀）を帯びず、右手に大刀を提げて白幕の間、喰い違いのところから切腹席にはいってくる。

続いて介添人が幕内に入り、いずれも検視の方に一礼し、介錯人は切腹人の坐る座席の筋違いの位置に立ち、介添人は介錯人の側面にうずくまる。

介錯人と介添人の位置が決まると、切腹人が「まげ」を後方に折りまげ、襟のうしろを幅狭く縫い縮めた白衣に、水色無紋の裃《かみしも》をつけ、後幕喰違いのところからはいって、設けの席につき、検視に一礼する。

介錯人(註16)は自分の姓を名乗って切腹人に丁重に挨拶をかわし、ついで切腹人は足軽の捧げる水を飲み、裃をはねてもろ肌を脱ぎ腹部まで着衣をおしさげる。

介錯人が静かに立って切腹人の背後に立ち、大刀の鞘を脱して息をととのえる。

介添人が九寸五分、平造りの白鞘短刀を抜身にし奉書紙で巻き、切っ先きだけ少々出したものを四方（宝）にのせて、切腹人の目前三尺の場所におく。

切腹人は一礼して短刀を右手に逆手に握り、左手で下腹部をなで、左腹に切先をつき立て、右腹にかけて真一文字に掻き切り、切っ先を上に向けて上にはね上げて掻き切る。

介錯人の大刀が一閃すると切腹人の首はおちる。この場合、首実検はあったものとして、介添人は用意の白張りの屏風を引き回させる。切腹が夜分までかかる場合は、十六ヶ所に高張提灯を立てて照明として執行する。

切腹を見届けた検視正副二名は、一同を引きつれて退出し、月番の老中役宅に出向き、何某の切腹検視終了の旨を述べる。

老中役宅では、御役目御苦労に存ずると挨拶し、一切はこれで終了するのであるが、検視が引きとったあとの切腹場では、切腹人の家の者の屍骸引き取りの要請に応じて、離れた首を胴の左の肩のところに置き、引き取りの駕籠を待つ。やがて受取人と駕籠を正門から導き入れ、屍体をのせた駕籠は不浄門の方に案内し、裏口不浄門から戻らせるのがしきたりである。

赤穂浪士の切腹も、分散してお預けになっていた各大名の屋敷で、大体以上の様式に従って執行された。

伝馬町牢屋敷内で切腹を行なう場合は、次のようである。

切腹の執行には、そのつど、切腹場を用意する。練塀際より七尺五寸隔てて、砂を敷きならし、板塀で三方を囲い、ただ一つだけ入口を設ける。畳二枚を中央に敷き、畳の上に白布を敷き、白張りの屏風を引き廻す。

切腹人を囚えておいた揚座敷から呼び出し、評定所において切腹申しつけ、白衣に麻裃をつけさせ、そのまま駕籠にのせて伝馬町牢屋敷の表門より入る。

まず大牢の庭に駕籠をおいて改め、駕籠から引き出し、用意した切腹場に召し連れる。

切腹人は、待ちかまえた検視と同心に対して坐り、自分の姓名を名のり、辞世などあればこれを告げる。やがて設けの切腹場に入り白布敷きの畳に坐ると、介添人手伝い肩衣をはね肌をぬいで腹部を出す。

介錯人は白刃を提げて、切腹人の後ろに立つ。介添人合図の咳払いをすれば、同心一名が、三宝にのせた腹切刀《はらきりがたな》（前述のように真剣の場合もあり、形式的に木製の短刀型の木刀の場合もあるし、真剣と木刀の両方を置いて、当人の選択にまかすこともある）を、切腹人の前方三尺のところに置き、いざ、三宝をいただくべしと命ずる。

切腹人は一礼して、三宝の上の短刀をとろうとして、十分に手をのばし、少しうつむき加減になった瞬間、介錯人の刀は風を切ってきらめくと見るや、首はころりと前におちる。切腹の屍体は試し斬りに用いることは絶対になかった。

『兇礼式』切腹記録

前に書いた伊勢貞丈の『兇礼式』に見える記録についてつぎに紹介してみると

一、寺院又は組頭の所にて沐浴《もくよく》するときはたらいを直し、先づ下へ水を入れ、その上へ湯を入れて沐浴させ、髪を洗ふときは逆に湯をかけるなり。

一、髪結様引さき元結《もとゆい》四巻にすべし、常より固く結い逆に曲げるなり。

一、装束は白衣左前にあはせ柿色の上下着す。口伝有之、帯も白きを用うなり。

一、畳の事土色を用ひ、長さ六尺白ふちに二畳用ふべし。敷様に口伝あり。

一、死衣の事四囲長六尺白地なり。畳の上に敷き様、口伝。

一、切手《きりて》死衣の上に着座する時三宝叉は足打の切り目ふちをはなし、笹の気先を切人へ向、改敷にして盃二組、上は土器、下は塗盃なり。さて肴《さかな》大根の香物三切、塩味噌を組付、逆箸にして据る、検使へ三宝に改敷せず。盃一つ肴は大根香物一切組え居なり。

一、酒呑飲之事、酌切手へ銚子を持ち行き、逆手酌にして丘の盃へ二酌其の銚子を検使の前に持ち行き、順に一献つぎたるとき、検使切手へ挨拶して、その盃を万台へ居て据置切手それにて叉二献呑時に御肴といふべし、この時腹切刀を揃出し、以上四献のませ以後切りて献請るといふとも加ふべからず是酌の故実なり。酌人腰さしせぬものなり。口伝。

一、酒終り刀出すと通ひ出て、双方の膳を取大刀を取り後へ廻る也。此時切腹入畏り様。口伝。一、大刀とりの人振廻影見する作法。秘伝。

一、首を打て、死衣をうけ、屏風を引廻し、屍骸人に見せぬ様仕廻すべし。此時の屏風は表裏一双上下の文字を書て立様、口伝。

以上、大変にややこしい煩雑な作法である。

代官屋敷切腹の間

東京世田ケ谷に現存する史跡、井伊家の被官、大場代官の屋敷内に、「切腹の間」と呼ばれている一室がある。

意外に天井が低いので、これでは介錯人が刀を大上段に振りかぶれないではないかと、見る人が疑問を抱くが、首を斬るときの型に、刀を右八相に低く構え、首筋をすくうように斬り左八相におさまる斬り方もあるし、刀を首筋に当てがって構え、両腕を十分に屈折させておき、両腕を急にのばして、押し斬りに首を落す斬り方もあるので、天井の高低は問題にならない。

「切腹の間」と聞いて、陰惨で鬼気人に迫る室のように感じたが、大場代官の子孫である当主、大場氏のお話によると、この「切腹の間」は使用されたことが一度もなかったということである。侍の切腹など、めったにあることではなかったのであろう。

斬り捨て御免などの不文律も厳として存在してはいたが、侍はめったなことで人を斬るものではないし、切腹させられるような事故をひきおこすこともめったにあることではなかった。

（註16）切腹の場合、本人が死の恐怖から狂乱して、立ちあがり暴れる場合もありうる。立ちあがるのを防ぐために

は、秘伝がある。切腹人を坐らせるとき、貫級刀か笄《こうがい》を二挺手中にかくしもっておき、着衣のすそを形よくつくろう振りをしながら、左右の袖袂とまたは着衣の左右端を前から後方にむけ笄で、畳に刺しとめる。このくさびで切腹人は立ちあがれない。竹内流では「えもんつくろい」と呼ぶ由、岡山流の藤田金八先生に伺った。四方は四方向に穴のあいた三宝に似た台で不祝儀に使う。

第十三章　両成敗

武家政治の行なわれた鎌倉時代から徳川時代初期は、人の気風も荒く、喧嘩口論の結着は、武力や腕力で解決する方法がとられ、決闘沙汰も度々起こり、勢い二人の家臣を失う結果になりがちであった。

こんな場合、事の良否を一切問わず、とにかく喧嘩の場合は双方共に死刑ということに決めておけば、たとえ自分の側が正しいと信じていても、相手同様に罰せられては馬鹿馬鹿しいから、自然争いも表面化しないであろうという狙いで、「喧嘩両成敗《けんかりょうせいばい》」という方法が、不文律として武家の間で永く行なわれてきた。

「両成敗」の方法のうち、最も直截な方法としては、喧嘩した双方を、双肌脱ぎにさせて互いに向き合わせて坐らせ、各自の刀剣で、お互いに相手の胸を突き刺させる、いわゆる「刺し違え」(註17)の方法による死罪が行なわれた。

元禄ごろ書かれた『新可笑記』に両成敗の挿し絵が掲載してあるが、互いの胸を刺し違えている両名の侍を、抜刀した介錯人が見守っている残酷な光景が見られる。

天文十六年（一五四七）武田信玄の家臣、赤口関左衛門と寺川四郎右衛門の両名が口論の末、喧嘩し、両成敗のしきたりにより、両名とも同じように耳と鼻を切りおとされ斬殺されたことが、『甲陽軍鑑』十七の四十七に記録されている。

著者の子供のころまでは、学校でも家庭でも、喧嘩両成敗で、どちらも同じく罰せられたものである。

（註17）戊辰の後、会津攻めの時に自刃した白虎隊士や家老西郷頼母邸の婦女子の中に、刺し違えて自刃した例がある。

両成敗

第十四章　引廻し

大がかりな引廻しのパレード

「引廻し」は、「火あぶり刑」と「磔刑」の属刑（附加刑）である。犯罪者の哀れな末路の姿を一般大衆に見せしめとして見物させ、防犯の一助としたものであろうが、「引廻し」の行列は、今日ではちょっと想像できないくらい、豪壮なもので、人数はだいたい五、六十名、罪人が同時に二人、または三人と増加した場合は、この割合で増やすのであるから、かなり大がかりな「パレード」となる。

沿道は店をしめ、すだれをかけ、群衆は沿道にあふれて見物する。

「引廻し」には、「五箇所引廻し」と、「江戸市中引廻し」の別があった。

「五箇所」とは、日本橋、両国橋、筋違橋（今の万世橋）、四谷御門、赤坂御門の五ヶ所であって、この順路を経て刑場に行くのが、「五箇所引廻し」である。この場合、捨て札は以上の五ヶ所と刑場と計六ヶ所に六枚立てておくことは前述のとおりである。

「江戸市中引廻し」は、目貫の大通りを通って刑場に行く。「捨て札」は刑場にのみ立てる。

「引き廻し」の行列は、非人五人が六尺棒を持って先行し、次に幟《のぼり》持ちが、手代二人と共に続く。次に「捨て札」を持つ非人一名が手代り二名と共に行き、白衣帯刀の矢の者二名が抜身の朱槍をかつぎ、手代り二名が続く。次に処刑される囚人が裸馬に乗せられ、両手を後ろ手に縛り上げられ、牢内で作った飯粒と紙こよりの白珠数を首にかけ、白衣の姿も哀れに続く。馬の口取りの非人が一名、介添えの非人が左右に一名ずつと後方に一名付き添う。次に矢の者四名の内の二名が突棒、刺叉をかつぎ続く。次は馬上で検視役与力正副二名が陣笠、ぶっさき羽織、野袴で進み、持槍かつぎの小者二名、挟み箱をかつぐ者二名が続き、左右に侍二名、口取り下男二名、同心四名、弾左衛門、手代、非人頭車善七、取扱いの下働きの非人六名が続くという多人数が、囚人一名の「引き廻し」の構成である。

曲禄《きょくろく》と幟《のぼり》

「引廻し」の罪囚が病身その他の理由で、馬上に堪えられぬ場合は、「曲禄」というものを馬の背にあてがい、罪囚を「曲禄」に寄りかからせて体を支えさせる。

「曲禄」は、杉丸太五寸廻り（直径一寸五分ぐらい）の材料を、四尺五寸ずつ二本X字型に組み、上部に二尺二寸の横棒を一本入れて「叉」の字型にしたものである。

引廻しの図（『徳隣厳秘録』所載）

幟は「引廻し」の途上、群衆に、犯人の姓名、生国、年齢、住居の有無、罪状の内容、刑罰の種類などを読ませるために、おし立てて歩くものであるから、非常に大きいものである。縦が八尺五寸ある。「西の内」という大判の丈夫な和紙を、に九枚、横に四枚、計三十六枚張り合せて作り、ちぢ（竹棹に取り付けるための耳）もやはり「西の内紙」で、幟の縦に七ヶ所、横には五ヶ所の「乳《ちち》かん」をつける。乳十二個は「西の内紙」が四枚でできる。この幟に墨黒々と、お家流で前述の内容が書かれている。この幟は御用ずみになると焼いてしまう。

引廻しの幡《のぼり》に青息吐息

「幟あずけ」という不文律の懲戒処分が行なわれ、今から考えると奇異な感じにうつる。

犯した罪科によって「火あぶり」や「磔」にかけられ、処断される罪囚の中には、同情される者もいる。たとえば、商家の召使いが主人を傷つけたとする。原因や動機が被害者である主人にあっても、召使なるがゆえに、彼は死刑になる。

引廻し

そうした場合一種の制裁として、その召使いの「引廻し」に使用した幟が主人に預けられるのである。そういう噂が街に流れると、もうその家には皆が寄り付かなくなる。単に預かるだけでなく、毎年一回その死刑囚の命日の明け六つから暮れ六つまでの間に「幟しらべ」というのがあって、与力が軒に立てかけてある幟を調べにくる。こんな家の前は、嫁入り前の娘など決して通るなというくらい忌み嫌われるのであるから、大ていの富豪でも幟を預けられたが最後、破産してしまったという。

青女房の乳房

世の中にこわいもののないはずの八丁堀与力にも、泣きどころが二つあった。与力の難儀な仕事は、心中者の検視と「引廻し」の後について行くことといわれていた。

死刑囚には、お上の慈悲でなるべく本人の望みをかなえさせてやるという幕府の方針があったので、いよいよ今日が浮世の見おさめという「引廻し」の際になると、悪党ずれのした奴は悪度胸をすえて、いろいろ勝手なことを言い出す。「お役人様、お願いでございます。そこの店にあります酒をお恵み下さい」とか、蕎麦を喰わせろとか言い出す。商家では引廻しの罪人に望まれたもので代金をとるわけにもゆかず、それをきらって店をしめる家もあるくらいであった。はじめはその要求にいちいち応じていたが、あるとき、小石川の商家の前を通りかかった罪囚が、店先で若い女房が小児に乳を呑ませているのを見て、あの乳を呑みたいと言い出してどうしてもあとにひかず、しかたなく乳を呑ませたがこれに懲りて、その後は一切要求を聞き入れないことにした。

お七睨《にら》み松

品川鈴ヶ森縄手の中ほどに、「睨み松」と呼ばれる松の古木があった。当時の東海道は品川から浜川、鮫洲、鮫洲から八幡様あたりまでは、農家や漁師町が続いていたが、それから刑場前を通り抜けて大森にかかる間は人家もなく、ここがいわゆる鈴ヶ森縄手である。

この縄手の松をなぜ「睨み松」と呼ぶかというと、例の八百屋お七が、放火の罪で鈴ヶ森仕置場で「火あぶり」の刑をうけるとき、「引廻し」(註18)の裸馬にのせられてここを通りかかり、その松の木を、怨みを込めた涙の目で、じっと睨んだというのである。誰が言い出したことか判らないし、なぜその松の木を睨んだのか判らないが、とにかく、「お七睨み松」と呼ばれていた。

前述のように「引廻し」の罪囚は、己の菩提のため珠数を首にかけて裸馬にのったものである。

この珠数は、獄中囚人の手製のものもあるし、白木玉を百八個つないだ三尺ぐらいの珠数を与え、本人の意にまかせて使用させたものである。

(註18) 品川区倉田町に、江戸時代からある名刹西光寺の御住職、芳賀實成師から聞いた昔ばなしであるが、芳賀先生の祖母にあたる方の体験談で、天気のよい日に寺の庫裏《くり》に居ると、時折天井にきらりきらりと日光の反射が照りはえる。「あ…引廻しが、崖下の縄手を通行している」と、皆で窓から下を眺めたそうである。礫につかう二本の長槍の穂が日光にあたって反射するからである。錆槍で突いたというのは間違いである。

第十五章　火あぶり刑

火付けは焼き殺す

「火あぶり」に用いる罪木は、栂材五寸角、長さ一丈三尺のものを、地下に五尺ぐらい埋めて垂直に立てる。地上には七尺ぐらいの高さの柱が立つわけである。つぎに太い青竹を曲げて直径二尺五寸ぐらいの輪竹を用意し、別に太い青竹の長さ七尺のもの二本を用意する。

七尺の竹二本をいっしょにして、その中央部を罪木の柱の頂上に近いところに荒縄で縛りとめ、その竹の両端を下方に曲げて逆U字型にし、その端を、柱に通した輪竹を釣るために、輪の二ヶ所で縛りとめる。

柱と竹と縄には、苆《すさ》入りの泥土をよく塗りつけて火に焼けないようにしておく。

柱の根元に細い薪十五、六本を縄で束ねて踏み台にする。輪竹はだいたい罪人の太もものあたりを巻くように水平に釣られているが、その輪竹の廻り三尺ぐらい離れたところに、燃料の薪を二、三束ずつ輪形に立てめぐらせ、その高さを輪竹のあたりまで積みあげる。

もっとも前立二尺ぐらいは、罪囚を入れる入口としてあけておき、あとでふさぐのである。

「引廻し」の罪囚が、仕置場に到着すると、下働き非人が六名で、馬から囚人をおろし、縛ったまま、罪木の下の薪の踏台の上にたたせ、首と腰と高股と足首を、罪木柱に縛りつけ、両上膊を釣竹に縛りつける。

縛った縄にも泥を塗って焼けないようにしておく。縛り終わると入口を薪でふさぎ、太い薪と茅を混ぜて八方から立てかけ、茅を釣り竹の上から覆いかぶせていく。

もちろん、罪囚はすぐ外からは見えなくなってしまうが、顔のところだけは、外からのぞけるようにあけておく。薪は佐野薪を二百十把、茅は七百把使用するのであるから、二重、三重に茅でとりまいて、まるで「みの虫」のようになり茅の山になってしまう。

罪木から右前方、十二、三間のところに、検視与力が床几を据えて、陣笠、野羽織、野袴の姿で腰かけ、その後ろに草履取り、若党、槍持、挾箱持ちが控え、さらにその右方には、副検視役の与力が同じ数、同じ配置で控える。左前方には、下役同心、弾左衛門、手代、非人差配、小屋頭等が居並ぶ。矢の者、棒の非人等は四囲の固めにあたる。用意終われば弾左衛門の手代が、検視の前にすすみ、支度よろしき旨を申し渡す。

検視与力は下役同心に合図すると、同心は罪囚に近づき茅の穴から本人に相違なきことを確め、姓名を改め、異状なしと見れば茅で顔の前の口をふさぐ。

検視は弾左衛門に、火を移すべしと命ずると、非人共茅三把を一手に持ち火を点じて、風上から茅の山に火を移し、莚で煽って火勢を強める。何しろ七百把からの茅であるから、見る見るうちに恐ろしい火勢になり、薪に燃え移り炎々として燃えあがる。

やがて下火となって、茅や薪が燃えおちると、内なる罪囚は無惨な黒こげ屍体となって現われる。実に残酷な処刑方法であるが、罪囚の苦悶や叫喚の惨景が、茅と火で妨げられて見えないのが、せめてもの救いである。(註19)

火勢が全く衰えると、非人達は燃え残りの薪や茅を取り除き、二人の非人が茅四把ずつに火を点じて罪囚の左右から近づき、一人は鼻を焼き、一人は陰のうを焼いて止めをさす。女の場合の止め焼きは、鼻と乳房を焼く。この黒こげ屍体はそのままにして放置し、三日二夜晒しものにしておき、三日ののち、非人が柱、縄、竹など燃え残ったものに火をかけて燃し、屍体は海岸や刑場の片隅に投げ出しておく。やがて野犬や烏の餌食になってしまう。当時の刑場には、どくろや白骨がごろごろしていたそうである。

火刑ストリップ

相州三島宿で慶応年間、残酷ストリップ・ショウの草分けのような火刑が行なわれた。

原のおせきという妙齢の美女が、衆人環視の白昼の河原で焼き殺されたのである。

「火あぶり」の刑に処せられる罪囚は火付けの罪科で捕えられ、自白した者がほとんどである。

おせきも放火犯であるが、見せしめのため全裸にして縛り、三島境川の川原に引き出した。厚さ四寸直径一尺六寸のひき臼の廃品を河原に置き、中央の軸穴に太柱を一本立て、これにおせきを裸体のまま縛りつけたが、おせきの乞いによって、半紙一枚を下腹部にはりつけ周囲に茅を置いて焼き立てた。

近郷近在から見物人が押しかけて、境川堤防上に陣取ってこの処刑を見物したが、三島神社の祭礼より賑やかな人出であったといい伝えられている。

火あぶり

残酷ショウ蓑《みの》踊り

切支丹宗徒に加えられた刑罰は、なぜか多分に加虐的なものが多く、この蓑踊りなぞ「残酷ショウ」の要素を持つ火刑である。

竹矢来で取り囲まれた広い刑場に転宗しない切支丹宗徒の男女子供を引き出し、全裸にして蓑を着せ、笠をかぶせる。ついで、頭上から油をたっぷり注ぎかける。藁蓑は油を十分に吸いこむ。

こうしておいて、蓑に火をつける。恐ろしい勢いで燃えさかる紅蓮の焔に包まれて、宗徒たちは狂い廻り、ころがり廻り、たちまちにして、阿鼻叫喚《あびきょうかん》の生地獄を現出する。

そのありさまが、まるで手をふり足をあげ狂踏乱舞しているように見えるので、いみじくも「蓑踊り」と名づけたものである。

力つきて倒れ伏すと、獄吏たちが遠くから、熊手、刺又、突捧などで、突きおこし絶命するまで責めさいなみ、狂乱の無踏を続けさせる。

ある者は発狂し、やがて全身頭髪焼けただれて呼吸が絶える。

（註19）火あぶり刑は、すぐ窒息して意識がなくなるものと思っていた。鈴ケ森刑場での火刑では、海からの烈風が横なぐりに吹くので、先ず脚が焼かれて気絶するがすぐ意識が戻る。気絶と蘇生を繰り返し、そのたび猛獣の叫びに似た、ものすごい悲鳴をあげる。悲鳴は八キロもはなれた丘上の人家まで聞こえたといわれる。鈴ケ森大経寺住職談話。

第十六章　磔　刑（江戸時代）

男の柱・女の柱

磔刑には、必ず前述の「引廻し」が附加刑として行なわれた。まず処刑方法より先に、磔柱の構造について述べる。

磔柱の材料は、栂材をもって造る。製作は、一般人はきらって扱わないので、弾左衛門が手下の者に造らせて刑場に運んでおくのである。

男用の磔柱は五寸角、長さ十二尺の柱にキの字形に横棒が二本通り、二つの横棒の間に、前方に向って、腰かけの突起がはめ込まれている。すなわち、柱の上から一尺のところに、幅三寸、厚さ二寸、長さ六尺の貫《ぬき》を一本通し、貫から二尺下がったところに、前方に向かって、幅三寸、厚さ二寸、長さ七寸（全長一尺であるが、三寸を柱に彫り込みとめる）の腰掛けの木が突起している。

腰掛けから九寸下がって、上の貫《ぬき》と同じく、幅三寸、厚さ二寸、長さ六尺の第二の貫が通っている。この磔柱は地に立てる場合、地下に三尺ぐらい埋めるので、第二の貫から地面までの長さは五尺ほどとなる。柱全体の地上からの高は九尺ぐらいになるのである。

女用の磔柱は、五寸角、長さ十二尺のものに貫《ぬき》が一本通り、三尺あまり下がったところに、直径一尺の円形の台を前方につき出し、この台の上に立たせるので、全体の形は十字架型になっている。

磔柱は処刑場所に横たえて、罪囚の到着を待つ。「引廻し」の罪囚が刑場につくと、下働きの非人六名が、罪囚を

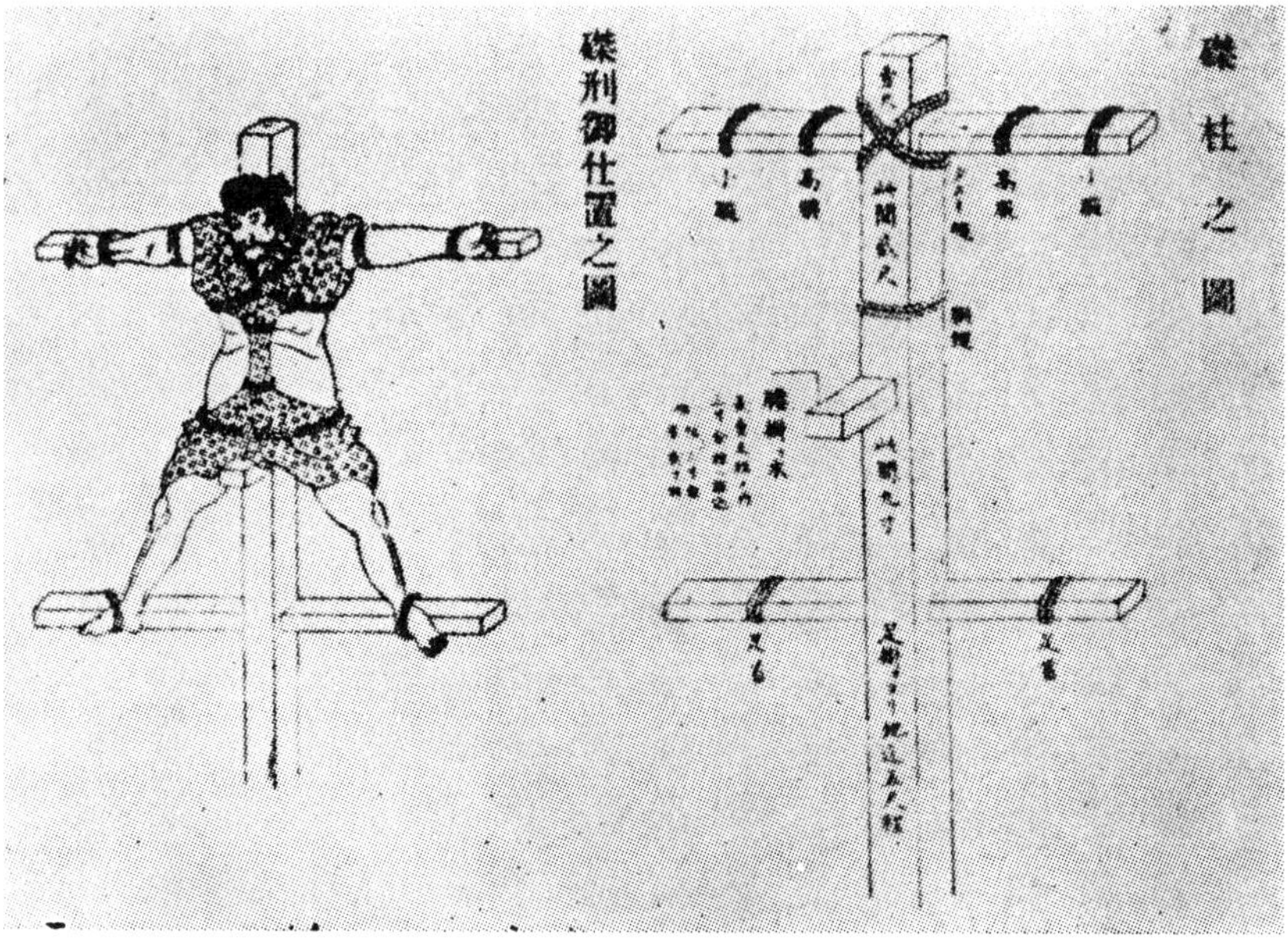

磔刑の図（左）磔柱の図（右）男用、（『徳隣厳秘録』所載）

馬からおろし、いったん縄をほどき、地上に横たえた磔柱の上に仰向けに寝かせ、たすき縄（胸の前でX字型になり、背後は磔柱と第一の貫の交叉部にX字型にかかる）と腰縄をかけて柱にかたく縛りつける。

両手は第一の貫に高腕一ヶ所と手首一ヶ所を縛り、両足は大きく開かせて、第二の貫に足首各一ヶ所を縛りつける。

男の場合は大の字型に縛りつけるわけである。さらに左右の脇から腰縄までの間の着物をたてに切り裂き、左右から胸の中央に絞りよせ三ヶ所を縄で結ぶ。かようにすると左右の脇から腹にかけての肌が露出する。

ついで手伝い人足十余人で磔柱を起こし立て、柱の下部三尺ほどを地に埋め、周囲をよくつき固めて柱が動かぬようにする。この柱の下部、土中に入る部分にも長さ六尺[註20]の貫を十字に入れる説もある。

検視役与力その他、刑場の配置は、大たい火刑の場合と大差ない。

用意万端終わると弾左衛門手代進み出て、検視与力にその旨言上する。検視は同心に命じ、同心は囚人の姓名を呼んで、本人に相違ないことを確かめる。

見せ槍

検視が弾左衛門に処刑の開始を命ずると、弾左衛門の合図で磔槍をたずさえ白衣股引脚絆尻端折り、縄たすきの非人六名が進み出る。四名は控え、二名が処刑に当たる。

この磔槍（非人槍）は、弾左衛門方より差し出し用に供するもので、穂先が非常に長いものである。穂先長さ二尺五寸以上、二尺七寸まで、幅せまく、七分か八分位の平三角造りで粗末なこしらえをつける。

非人両名槍を構えて、磔柱の左右に立ち、囚人の眼前二尺ほどのところで、二本の槍の穂先をかちりと交叉させる。これを「見せ槍」と称する。見せ槍が終わると、その一方が、「ありゃ、ありや、ありゃ」と声をかけながら、横腹から肩先にかけて、力いっぱい突き上げる。磨ぎすまされた長い穂先は、肩から上に一尺ぐらい突き抜ける。

一捻りひねってさっと引き抜くと、間髪を入れず他の一名が反対側から、同様に刺し貫く。これを繰り返し、左右交互に、遠慮会釈なく、二十四、五回から三十回突きまくる。大ていの罪人は、見せ槍で気を失い、ひと突きされると大声で悲鳴をあげて泣きわめき、鮮血は滝のようにほとばしり出て、食物もいっしょに流れ出し惨憺たる光景を現出する。多くは二つきか三突で絶命するが、非人は構わず三十回までは突き通すのがしきたりであった。

止《とど》めの槍

ついで検視の合図を待って、「竜咤《りゅうた》」と呼ばれる三爪または二つ爪の長い熊手（『日本捕具考』所載）を持った非人

磔刑

が柱に近づき、がっくりとなっている罪囚の髻《もとどり》（まげ）に熊手を引っかけて首を上に向かせる。

非人槍を持つ処刑の非人一名、罪囚の咽喉部を右から左上に一槍刺し通す。これを、「止めの槍」と称する。このようにして磔刑は終わる。この屍骸は、柱にかけたまま幟や捨て札や捕道具と共に、三日二夜、晒しておき、三日ののち非人が、穴にほうり込み取り片づける。

「引廻し」の時にかついで歩く朱槍は、南北両奉行所のもので、「磔」の処刑には使用しない。

槍につばをかける

著者の祖父は、大垣戸田藩の士で寺社奉行所吟味方の与力で、再三「磔」の検視に行った話を聞かされたが、その惨酷さは筆舌に尽しがたく、初めて見る者は顔色をなくし、気分が悪くなるとのことである。

酒造蔵という罪囚の最後はあっぱれで、処刑前、「引廻し」の馬上で振舞われた酒に酔って、泥酔したまま磔柱にかかったが、本人は高いびきで眠ったままであった。そのままで地獄行きかと思っていると、非人槍の一突きで眼をさまし大声をあげ、非人を睨みつけ、二度目の槍に、つばを吐きかけ「もっとしっかり突け！」と叱咤し、三、四本目の槍で絶命したという。

著者が「万一、封建時代に生れたならば、或は磔の検視に行かねばならなかったかもしれぬ、見るに堪えないで失神するかも知れない」と祖父に話したところ、検視の席は相当に遠く離れているし、何度も見るうちに馴れてしまい恐いものではないと事もなげに答えられたことがある。昔の人は仲々胆力があったらしい。

（註20）映画となった『日本拷問刑罰史』の撮影のとき、磔柱を何回も地上に立てたが、柱の根元に、石を打ちこんでも、杭を数本打ちこんでも磔柱の上の人間が動くと、柱はゆらゆらと揺れて倒れそうになる。疑問に思っていたところ、蒐集した古記録の中に、磔柱に関する秘伝として、土中に埋め込む磔柱の末端に、長さ一間（約二メートル）程の角材を丁字形に取り付けておく……と記入してある。土中に一間長さの角材が埋めこんであれば、柱は揺れない。

第十七章　塩漬け屍体の磔

死んでも免れぬ

「磔刑」にかけるべき罪囚が、刑の執行をまたず牢死または自殺したような場合、「磔」の惨刑から免れるかというとそうではない。

屍体を塩漬けにして保存しておき、刑の執行日になると桶につめて首だけ外に出し非人がかついで刑場に運び、生存者と全く同じに、この塩漬け屍体を磔柱にかけ槍で左右から三十本突き刺す。ただし屍体の「磔」は、「主殺し」、「親殺し」、「関所破り」、「重謀計」の四つの重罪の者に限る。三日二夜は、そのまま「晒し（註21）」にかけておき、死体はそのまま取り捨て、葬らないことも「磔」と同様である。

死刑執行のない日

毎月一日、八日、十日、十二日、十四日、十七日、二十日、二十二日、二十四日、三十日、以上の十日は、歴代将軍の忌日に当たるので死刑の執行は停止し、絶対行なうことはない。

テレビや映画などで、月の一日に美女が磔にかかったりするが、作者の不勉強を、まざまざと見せつけられる訳で、時代考証の方も、せいぜい出駄羅目であろうという気持で見ることとなる。

（註21）獄門台に生首を晒す場合、台の横木の下から長い太釘をうち、上表面に五センチほど出す。その釘に生首を差し止め、首の斬り口のまわりに粘土を置いて動かないようにする。夜間は生首の上に桶をかぶせておく。首を盗まれぬよう、狐やてんや野犬などが咥えて行かぬように、非人数名が火を焚いて寝ずの番をする。

第十八章　鋸《のこぎり》引き

七日間で絶命

元和九年、大原源次郎という者が、江戸で「強盗殺人」の罪科により、「鋸引き」の刑に処せられた。『東武実録』によると、竹鋸で首を引き、七日間で絶命したというが、七日間、首をがりがり引かれたのではたまったものではない。古くは丹後国由良湊の長者、三荘太夫の鋸引き、織田信長の杉谷善住坊鋸引きの話などがある。信長を狙撃し失敗した善住坊は捕えられ、土中に立ったまま生き埋めにされ、竹鋸で首を引かれ、七日ののち絶命したといわれる。

鋸　引（分国法時代の本当の鋸引）

鋸引き晒《さらし》の事

江戸時代寛永以降は、捨て札に「希望者は勝手に鋸で引いてよろしい」と書いてあっても、実際に引いた者は、数えるほどしかなく、単に「晒し」の一方法となった。

「鋸引き晒し」には属刑として必ず「引廻し」と「磔」が附加されていて、二日間、「鋸引き晒し」の上、鈴ケ森か、小塚原に引き「磔」にかけた。

「鋸引き」は、普通の「磔刑」よりさらに重い罪科、主として、「弑逆」の大罪、「主殺し」、「親殺し」のような人道上許せない大罪に科した極刑である。

「鋸引き」の行なわれたのは、江戸においては、日本橋南詰の広場で、江戸橋に近い河岸にあたる。

『徳隣厳秘録』に、「鋸引きさらしの事」として左のような記載がある。

一、晒初日。出役与力双方二人牢屋敷へ罷越《まかりこし》囚人呼出方者外死罪御仕置之如く、牢内へ呼込無之平囚人呼出之通り、鞘《さや》内にて青縄本縄にいたし、片鋸打差出し、改番所にて改め、出役与力晒之儀申渡し、出役年寄同心、双方二人、若同心牢屋同心二人差添え場所へ差出し、帰牢いたし候えば夜中鎖を掛け置く。晒囚人在牢中は、夜中鞘中に高張提灯差し出し置く。

一、二日目。出役同心人数、前に同じく朝五時、牢屋敷に罷越し、囚人召連所へ罷越し、夕七時帰牢。

一、三日目。出役人数前日に同じ、明六ッ半時、晒場へ出、四時引返し、鞘内へ入、荒縄掛替、改番所へ差出し、名前肩書附入日等。

かぎ役相致し、検使与力晒之上磔之儀申渡し、それより前箇条引廻し並磔御仕置之通別儀無之。

一、一通りの晒者囚人青縄本縄に掛持籠乗せ候て、牢屋敷より晒場へ召連れ右本縄の儘、小手をゆるし柱に縛り付、こもの上に差し置く。

一、小屋掛け縄張等、谷之者非人人数等は穴晒、陸晒同様別儀無之。

一、晒場内外番人、穢多弾左衛門手代二人。

一、谷之者十二人内宰領二人。

一、非人頭車善七手代二人。

一、非人人足四十五人、横目六人。

一、囚人を始末いたし候もの二人。

と記録してある。晒場の設備と刑具は、つぎのとおりである。

日本橋広場の晒場は、門口七間、奥行六間の周囲に太縄をめぐらせ、二十本の太杭で、外囲いの縄張りが作られる。正面中央の一部が開閉できて、囚人の出し入れ口である。

向って左側後方よりの一部も同様開閉自在にしてあって、番人たちの出入口である。

縄張りの内側に、左右両側面と正面だけ、もう一重杭をうち太縄をめぐらす。

縄囲いの正面奥に番小屋を作る。

間口五間、奥行一丈（一間半余）。屋根は菰吹き、囲いは莚張り。丸太を立て、丸太で組んだまことに簡単なもので、雨風をやっとしのげる程度のものである。

左横に莚囲いの便所。番小屋の前に、晒の囚人を縛りつけるための柱があり、その前方の地面に莚を敷く。

晒莚の左右前方に、長柄捕道具を立てるための道具掛けがあって、刺又、突棒、袖搦の類を立て並べる。

番小屋に向って右前方、内側の縄張りの角のあたりに捨て札を立てる。捨て札は獄門の項で述べたものと同じく、六尺長さ、一尺三寸幅、厚み六分の栂の木板に姓名生国住所罪状を書き、二寸角長さ九尺の脚をつけたもので、見物人、通行人に読ますためのものである。

鋸引きの晒の場合は、「穴晒し」という形式で囚人を地に埋め首だけ地上に出して晒す。

「穴晒箱」という三尺四方、深さ二尺五寸の木箱（羽目一間の松板二つ切りにし二枚はぎ合わせた板で四方を囲い、底板も同じ、三寸角の角材を四すみの柱とし箱にする）の底に、莚を二枚二つ折りにして敷く。

箱の内側に一本小杭があって、この杭に囚人を縛りつける。

この箱を、晒莚のある場所（番小屋の前中央）に穴を掘って埋める。埋め方にしきたりがあって、箱の前の方は地面とすれすれの高さに埋め、箱の後ろ側は、地面より六、七寸高くなるように埋め、箱の上縁まで置土をする。箱中の杭に縛りつけて囚人を坐らせ、囚人の首に首枷《くびかせ》の板をはめる。この枷板は栂材で長さ二間、幅八寸のものを二つに切りはなし、長さ六尺のもの二枚にし、中央に径六寸の半円形を切りとり、切りとった半円形が正円になるように二枚をたてにはぎ合わすと、長さ六尺、幅一尺六寸の板の中心部に、差しわたし六寸、まわり一尺五、六寸の首穴ができるわけである。

板は十挺のかすがいをもって、首にはめたのち、穴の前方に四本、後方に四本、前後両木口に一本ずつ、計十本のかすがいを打つ。

首枷《くびかせ》をはめるには、顔の前後に、長く板がくるようにはめる。

晒縄を打たれた罪囚が「引廻し」の馬にのせられ、日本橋南広場の晒場に到着すると、馬からおろし、首枷板をうち、穴晒箱の底の莚の上に坐らせ、箱中後方の杭柱に縛りつける。首枷板が前後にのび、箱の蓋となり、首だけが地上に出るわけである。

同心の一人が、囚人の両肩に浅い切疵をつけ、流れ出る血を、用意の竹のこぎりに塗りつける。

首枷板だけでは箱の両側が空いているので栂材長さ三尺、幅七寸の厚板二枚をもって、枷板《かせいた》の両脇に並べて蓋をし、蓋のところまで土をかける。

さらに、万一の逃走を防ぐために、長さ三尺五寸ぐらいの俵に砂を詰めたもの六個を、枷板と蓋の上に、前に二個、後方に四個置いて重しとする。

大きな金鋸と竹鋸を囚人の肩の後方に、柄を下にして前向きに（刃を手前に向け）立てかけておく。金鋸を向って右に、竹鋸を向って左に置く。金鋸は刃長一尺六寸、柄の長さ二尺一寸、鋸の刃の目は大きく数は少ない。

竹鋸は、大きな竹を二つに割って、その一面をもって作ったもので、刃長一尺四寸、柄に荒縄を巻く。この竹鋸に

鋸引晒し

囚人の血を塗りつけておくのである。

このようにして、第一日目の「晒し」を終わると、夕刻七ッ時、罪囚を穴から出し首枷板をはずし、同心が付き添い、非人がもっこにのせてかつぎ、牢屋敷に帰す。牢舎中では手鎖をかけて監視し、鞘内に高張り提灯を立てることは前述のとおりである。

二日目の往復は、非人がもっこで運び、朝五ッ時から夕七ッ半で帰牢する。

このようにして二日間「晒し」ののち、鈴ヶ森か小塚原で磔刑を行なう。

「鋸引き」になるべき罪囚が牢死した場合は、屍体を塩詰めとしておき、生きている場合と全く同じ状態で晒し、二日ののち、磔にかける。享保六年の布達に、「一日引廻し、両の肩に刀目を入れ、竹鋸に血をつけて側におき、二日さらし、ひくべき者之有る時は、ひかせ候事」(註22)とあり、その罪囚にうらみのある者や、引いてみたい者には、勝手に引かせたものである。あるとき、その罪囚にうらみのある者が、自分の手で引き殺して、うらみを晴らそうとして、試みたところ、囚人が恐ろしい顔で睨みつけたので、引く勇気もくじけて逃げかえり、高熱を発して苦しんだという話がある。

（註22）鋸引きは一つの形式（まねごと）のつもりであったが、慶安年間、石谷《いしがや》将監係りの死刑囚、妙仙を実際に鋸で

引いた者があったので、幕府では驚いて鋸に血をつけて晒すことを取り止め、晒、引廻し鋸で引く形式だけ、磔と規定した。のち、享保六年、また鋸に血をつけることを復活させたが、実際に鋸で引かぬように同心に見廻らせたという。

第十九章　晒　刑

女犯の僧侶

天保十二年三月「女犯《にょぼん》」の僧侶四十八名が一時に「晒刑」に処せられ雑踏したことがある。平常でも大てい三人や、四人は晒されていたといわれ、触書《ふれしょ》を度々出して取り締まったが「女犯」の僧の絶えることがなかった。

晒場での「晒し」の方法は前述のとおりであるが、朝五ツ時から夕七ッ時まで、もっこで牢屋敷と晒場を往復し、本縄で小手を少しゆるめて晒された。僧は三日間「晒し」のうえ本寺触頭に引き渡され、寺法によって追放された。

下女晒し

西鶴の『本朝桜陰比事』に元禄二年ごろ、京都五条大橋の上に、擂鉢《すりばち》を頭にかぶらせ、火吹竹と杓子を持たせた女を、三日間、晒したことが見える。この罪囚は手代との間に生れた自分の子を、主人の遺子であると言い立てて、遺産を相続させようとした下女で、悪事露見し捕われ、「下女晒し」ともいうべき「晒し」にかけられたのである。

心中晒し

江戸時代、心中を計って失敗し、二人とも生き返った場合は、日本橋晒場に三日間「晒し」のうえ、「非人手下」という扱いをうける。

晒　刑（下女晒し）

晒　刑（心中未遂の晒しと女犯の僧の晒し）

すなわち、人別帳《にんべつ》から除外され、乞食の階級におとされるのである。
女が死に、男が生き残ると、さらに悲惨で、殺人犯と同様、下手人の刑で首をはねられる。
男が死に女だけ生き残ると、女は非人におとされ命だけは助けられる。(註23)
大阪では、寛政年間までは心中死体を現場のままの状態で千日寺の後の灰山に曝していたが、あるときの心中屍体の女が毛深いことが評判になり見物が毎日大勢押しかけたので、社会風教上かえって悪いというので、心仲屍体の「晒し」は取り止めにした。

(註23) 心中生き残りの女は、奴女の身分におとす。望みの者があれば引渡し、一種の奴隷として一生使う。望みの者がないときは牢内におき昼は雑役に遣い、夜はまた牢内に入れる。

第二十章　敲《たた》き刑（笞打仕置）

五十たたき百たたき

「敲刑」は公刑の場合、「軽たたき」と「重たたき」の二つに分かれ、軽五十たたき、重百たたきとされた。

八代将軍吉宗以前は、鼻そぎ刑、耳そぎ刑などが行なわれていたが、これらに代わるものとして「敲刑」を採用したのである。

享保五年、老中戸田山城守扱いで、「敲刑」の制を設け、同年四月十四日発布した。のち、延享四年三月十一日廃止されたが、寛政二年十一月二十六日復活し、前々どおり「敲仕置」を行なうと発布され、明治維新まで、引き続き執行された。

この「敲仕置」は、侍、僧侶、神官、婦女子には行なわず、庶民の男だけに対して執行された。当初は女も「敲刑」を科し、下着の上から打っていたが、中ごろから「五十たたき」は五十日の入牢、「百たたき」は百日の入牢に変えた。

しかし江戸以外の各地、各藩では、明治になってからも、男女の差別なく公衆の面前で敲刑を行なった。

「敲き」を公開するのは見せしめのためであって、江戸では小伝馬町牢屋敷表門前に、荒莚三枚を敷き、その上で行なわれ、罪囚の居住地の名主家主、引取人、見物人の見守る中で行なった。

敲き仕置の図

貝殻の中に文

「敲刑」の執行日は必ず奇数日に限り、執行の前日、牢獄中の罪囚で敲仕置を行なう者の名前を小紙片に書きつけ、蛤の貝殻の中に入れて牢名主に交付する。牢名主は「敲仕置」あることを当の本人にも告げず、当日朝、当人を呼び「今日、御仕置になるやもしれず、用意だけはしておくように」と言い渡して、同囚の者に命じて、当人の髪を結わせ沙汰を待つ。

罪囚出牢の手続きは、朝五ツ半時、かき役二人、打役二人牢の扉外から大声で、「何国何宿、何某、おるか」と呼ぶ。

名主これに答えて「おります」と応じ、当の囚人に向って大声で「何某、御用」というと、役附囚人が左右から小手をとらえて扉外に押出し、牢屋同心に引き渡す。

同心は牢屋下男に命じて腰縄を打たせて、改番所に引き立てる。

改番所の役人は、罪囚の生国、姓名、居住等を引き合わせ、本人に相違ないことをたしかめると、打役検使の詰所に引き、準備整う旨を通ずると、検使与力立ち出でて御証文（宣告書）を読み聞かせる。

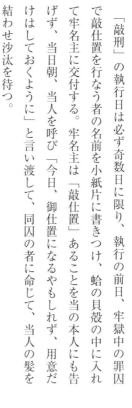

囚人は「おありがとうございます」と答え、申し渡しの終わった者から順次、表門前、敲仕置場に引き出す。

ここには、囚獄石出帯刀、見廻り与力、検使与力、徒目付《かちめつけ》、非人目付が、ずらりと並び、打役数人、数取り役、医師、非人などが出揃う。町の名主、家主も立ち合い、引取り人も入口まできて見ている。

用意が整うと囚人を、下帯だけ残して全裸にし、莚三枚敷き並べた上に、本人の脱いだ衣類を敷き、その上に、打ち伏して横たわらせ、下男四人が手足の上に乗りかかって動かぬように押えつける。

打役一名、「箒尻」（前述「拷問篇」に詳述）をたずさえて進み出で、肩から臀部にかけて、背骨を避けて力いっぱいに打ちたたく。

牢屋敷門前の敲

打役が打つたびに、数取り役が大声で、「一つ」「二つ」と勘定する。

打ち方[註24]の強弱や、打つ数はなかなか厳格に行なわれたもので、賄賂《わいろ》（袖の下）を送ると手心を加え、数を減らして打つとか、苦しいので、指で二両出す、三両出すと「サイン」を送り、打ち方を柔くしてもらうとかいうのは、全くの嘘で、検使与力その他大勢の役人が、間違いのないように眼を光らせている前で、そんなインチキな取引が行なわれるはずがない。

天保のころ、数取りの勘定が間違って、二つぐらい余計に打ったため問題になり、立合い役人が進退伺いを呈出したことさえあるほど、厳重であった。

このようにして「軽たたき」なら五十、「百たたき」なら百を打ち終わると、衣服を着せ、引取人に渡して敲刑は終了する。

もし仕置中に囚人が気絶することがあると、立合いの医師が水や気付薬を与え、少し休ませて、また残りの数だけを打つ。

「敲刑」に使用する敲棒は、拷問用の「箒尻」と同じものという説と、別種のものという説があるが、著者は同じ種類のものを使用したと推定している。

「敲仕置史録」（『刑罪大秘録』より抜粋）

一、敲仕置始りは、享保五年子年四月十二日戸田山城守殿、被仰渡、山川安左衛門係にて、数寄屋町平兵衛店《たな》、勘右衛門と申す者、三笠附乍致其場所へ罷り越し、いろいろの儀申依科、牢屋敷表門前において箒尻にて五十敲き、追放申付。

一、延享四年卯年三月十一日、馬場讃岐守係にて右御仕置之有り、其の後中絶。

一、寛延二年巳年十一月廿六日、前々の通り枷御仕置初まり候旨、能勢肥後守申渡同人係にて、同年十二月四日、敲きの者四人之有り以後相続之、

一、牢屋にて敲御仕置の例、享和二年戌年小田切土佐守殿掛にて、遠島申し渡し、出帆まで揚り屋に差置候、浜御殿奉行支配、元物書役小泉伊八外二人相牢のもの届けものの儀、並びに著物取替亦わ貰請候儀に付き、根岸肥前守方え請取吟味の上、一人は重敲、二人は敲御仕置に成御仕置添元掛りえ引渡常例敲の通り．掛りより、検使与力御目付方立合も之有り。

但し場所は東牢と埋門際、堀井戸の中程西を頭にいたす此節西は明牢にて東牢内の者見張様に場所撰び候事と相見候。当時は敲御仕置に相成る囚人の罷在候牢の前にて之を敲く。

一、敲の節、御徒目付、御小人目付、立合いの始めは、享保五年子年より始まる。延享二年丑年相止、寛政六年寅年より再び始まる。

（註24）たたき刑に処せられた場合、平気な顔をしたり、痛くないような様子でいると、力まかせに、これでもか？これでもか？と強く打たれる。苦痛を軽くするには大仰に痛がって、泣きわめくがよいと牢内の体験者が教える。泣きわめくと、同心もつい力を抜いて打つといわれている。

第二十一章　追放御仕置

「追放」(註25)は敲と同様、正刑の一種である。

「追放」には重、中、軽の三種の別があり、他に「江戸払い」、「所払い」、「門前払い」などがある。

重追放

御構場所、寛政二年極り。

武蔵、相模、上野、下野、安房、上総、下総、常陸、山城、摂津、和泉、大和、肥前、甲斐、駿河、東海道、木曾筋。

但し田畑家屋敷家財共闕所（附加刑）。

京都において、重追放申付候ものわ、右の御構場所の外、河内、丹波、近江の三ヶ国を加えて御構。構と払は同じく追放の意也。

中追放

御構場所、寛政二年極り。

武蔵、山城、大和、和泉、摂津、肥前、甲斐、駿河、東海道、木曾路、下野、日光道中。但し田畑家屋敷家財共闕所。

軽追放

御構場所、寛政二年極り。

江戸十里四方（日本橋より四方東西南北に五里ずつ）。京都。大阪。東海道筋。日光。日光道中。但し田畑家屋敷家財共闕所。

以上のように、重、中、軽、三種の御構場所が規定してあるが、本人の住んでいる国を書き加えて、立入り禁止処置をとった。

居住以外の他国で悪事を働いた場合は、居住の国と、悪事を働いた国の、二つを書き加えて御構場所とした書付を渡す。

以上三種の追放は、評定所または各係りで落着し、御曲輪《おくるわ》外まで役人附添い見送り、侍の場合は、曲輪外で大小（刀）を渡し遣す。

ただし身分によっては、御徒目付、町方与力が見送ることになっていた。

江戸十里四方追放

江戸十里四方、即ち日本橋より四方五里ずつの間。但し在方の者は居府共に構。

「闕所」は罪科の軽重によって加えられる。

江戸払

品川。板橋。千住より内。四つ谷大木戸。本所深川。町奉行支配の場所限り。

所払

在方の者は居村御構。江戸の者は居町御構。

門前払

奉行所前より払い遣す。

奴

望みの人、これ有り候えば遣《つかわ》す。

但し望み手がない場合、牢内に留めおく。

追院

住居の寺え帰さず、申渡候所より払い遣す。

退院

住居の寺を退く可き旨、申渡す。

一宗構

その宗旨を構。

一派構

その一派を構。外の派に成り候得ば無構。

奉行所門前で追放

立ち帰り者

江戸時代の追放刑は、町奉行所で申し渡し、日本橋から追放したものであったが、安永年間の改正で、東は常盤橋外、西は四谷御門外、南は幸橋外、北は神田橋外で追放したものである。

さらに改正されて申し渡しののち、同心が奉行所門前まで押送して出《い》で、罪人の親類や一族が待ち受けて本人を引取り、もし罪人が武士の場合には、さきに取り上げておいた大小の刀、脇差を、「いとだて」に包んだまま門前で返してやる。その夜は親類の家に一泊することだけは黙許されていた。

万一、追放されたものが、密かに立入禁止区域内に戻って来た場合（「立ち帰り者」という）は、見つけ次第逮捕して厳罰に処するのであるが、加役の同心に見とがめられた場合、「仏参のために、ちょっと立ち戻りました」といえば、黙認の形で、とがめなかったそうである。しかしこの場合は、旅装で草鞋履きでなくてはならず、着流しで、草履履きでは言い逃れることはできない。

また、立ち帰り者は密告訴人の対象とされ、密告すれば褒賞の銭がもらえる組織であり、見逃したり、匿ったりすると、五人組一統罪になった。そこで誰も匿ってくれないのであるから、よくよくのことでなければ構えの土地には踏み込めぬわけであった。

明治二十年、「保安条例」を執行されて「帝都三ケ年退去」の命令を、憲政の神様と称された尾崎行雄氏（咢堂）が、警視庁から受けている。これは江戸構えの追放と同じ類いのものであった。「明治二十年十二月三十一日午後三時を限り退去すべし」と厳命した命令書が残っている。

犬払いの刑

「追放刑」の珍しい方法に「犬払い」という寺法があって、この犬払いの刑で追放された者に、有名な延命院日当事件の共犯者、所化の柳全がある。寺社奉行、脇坂中務《なかつかさ》大輔の派遣した女スパイの働きで、延命院日当の悪事と「女犯」が遂一露見したのは、享和三亥年のことである。日当は「死罪」となり、柳全は「晒刑」に処した上、触頭《ふれがしら》に引き渡し、寺法によって取り計らうよう、寺社奉行から申し渡し、「犬払い」の刑に処した。この「犬払い」というのは、裸体にして、首に荒縄を巻きつけ、口にさんまの干物一匹を咥えさせ、犬を追い立てるように首綱を引っ張って、四ツばいに這わせて、本堂の周囲を三度這って廻らせた上、追放するのである。

僧侶の犬払い

(註25)「犬払い」の折は破れ傘一本を背にかつがせて追放した。「重追放」は関所を忍び通った者。女の得心なく不義をした者。「中追放」は、主人の娘と密通した者。口留番所を女を連れて忍び通った者。「軽追放」は縁談の決まった女と不義をした者。帯刀した百姓・町人。「江戸払い」は、酒狂で人に手負わせた武家の家来。追放者を匿った者。「所払い」は、贋朱墨の製造者。離縁状を渡さずに後妻を入れた者。

第二十二章　刺青《いれずみ》刑

入墨《いれずみ》と増入墨《まし》

江戸時代に「追放」、「敲」などの附加刑として行なわれた「刺青刑」（針のささらで皮膚をつついて傷つけ墨汁をさし後々までの印とする法）は、古く奈良朝時代から唐の法制にならって行なわれていて、その後いったん中絶していたが、江戸幕府の公刑として再び用いられるようになった。

江戸、京都、大阪、長崎は享保五年に「刺青刑」を制定し、人足寄場は寛政七年に制定し、以後、伏見、奈良、駿府、山田、堺、佐渡、日光、関東郡代も制定した。

古い時代には、再犯以上の重い者には、額に「刺青」を入れたというが、「増刺青」の先例は、安永六年、松平右京太夫命じ、杉野大隅守係りで、小金井無宿権三郎に「腕増入墨」を行なったのが例となった。

さて「刺青刑」を行なう状態は次のようである。

囚人が「刺青」を申し渡されて帰牢すると、これに腰縄を打ち牢屋下男一名が縄尻をとり、同心一名が付き添い、牢屋見廻り詰所の前、砂利の上に莚を敷いて引き据える。

詰所縁側には、うすべりを敷き、当番の鎰役が着座し、名前、肩書、歳、入牢日、係の名等を出牢証文と引き合わせ、入墨申し渡しの本人と間違いないことを改め終わると、非人手伝い一名が、罪人の左肌を脱がせ、下地の左腕に彫物（いれずみ）のあるなしを改め、墨で入墨の文様をかき、針のささらでこれを突いて皮をやぶる。

非人はさらに指に墨をつけて針跡にぬり、両手で墨をすりこみ、手桶に腕をわたして水で墨を洗いよく拭い、針の

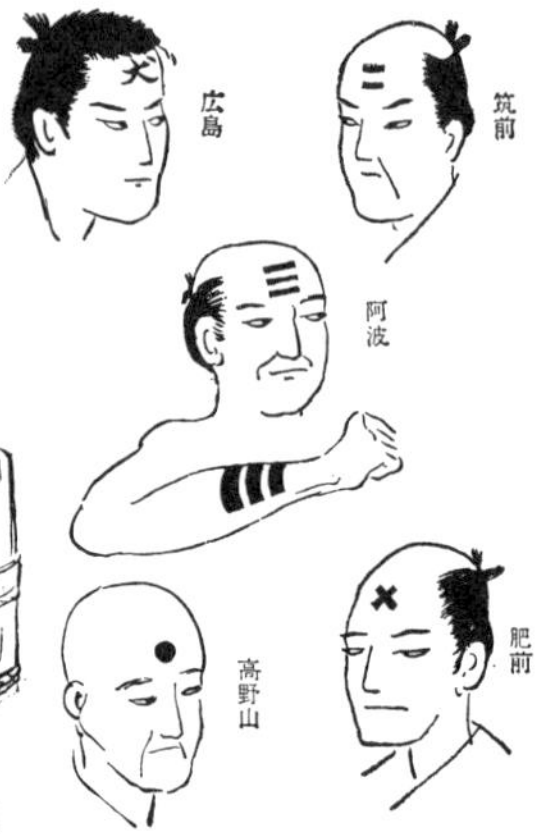

刺青刑

十分でないところがあれば、針に墨をつけて前同様に彫り入れて洗いぬぐう。牢獄長、石出帯刀見分の上、筆で墨を濃く二筋引き（江戸は二筋の輪をまく）紙でまき、紙ひもで結ぶ。「入墨」の完全に乾くまで溜に留め置き、乾いた様子を呼び出し見分の上、溜から出す。

以上のようにかなり手数のかかるものである。

諸国入墨の文様

江戸の「入墨」の文様は、左腕のひじの下に、三分幅の輪を二本入れる。輪と輪の間は七分ぐらいである。「江戸入墨」の始まりは、享保五子年二月十七日に制定され、同年五月十一日に中山出雲守係りにて、長崎町平兵衛という者が、江戸橋などの鉄物をはずし盗んで、「入墨」の上「追放」に処せられたのが始まりである。

女性も同様で、「女入墨」の始まりは、寛政元酉年十一月五日に松平和泉守殿御指図で、「火附盗賊改め」の長谷川平蔵が、小日向西古川町の吉兵衛店、八五郎の母たつという女が、銭湯で衣類と前掛けを盗んだのに「入墨」を入れて過台牢に入れたのが始まりである。

「増入墨」については前述のとおりであるが、以前二本入れてある上部（肩より）にさらに一本三分幅の線を加えるのである。

人足寄せ場の「入墨」は、左腕のひじの下の、前側に幅三分、長さ三寸の線を打ち違えに入墨する。

寛政五丑年十一月五日、池田筑後守、牢御番所より牢屋敷へ図を渡し、寄場内で、「入墨」相当の不届者に入れた。のち、寛政七年卯年八月から、寄場では入れず、牢屋敷内で入墨することに制定した。

「佐渡入墨」は、左腕上膊、背よりのところに太く片仮名の「サ」の字を入れる。

「日光入墨」は、左腕ひじの下に、一筋線を引き、外側中心部に短く縦線を十字に入れる。

寛政三刻年七月、評議の上、日光奉行にも山口新左衛門取り計中のとおり入墨刑を採用する旨、松平越中守殿から御下知ありと記録されている。

中里介山先生の『大菩薩峠』にも出てくる「甲府入墨」は右腕ひじ下に幅四分の輪二筋を入れる。輪と輪の間隔は八分ぐらいである。「甲府入墨」については、文化十酉年七月九日入牢「甲州入墨」の記録がある。

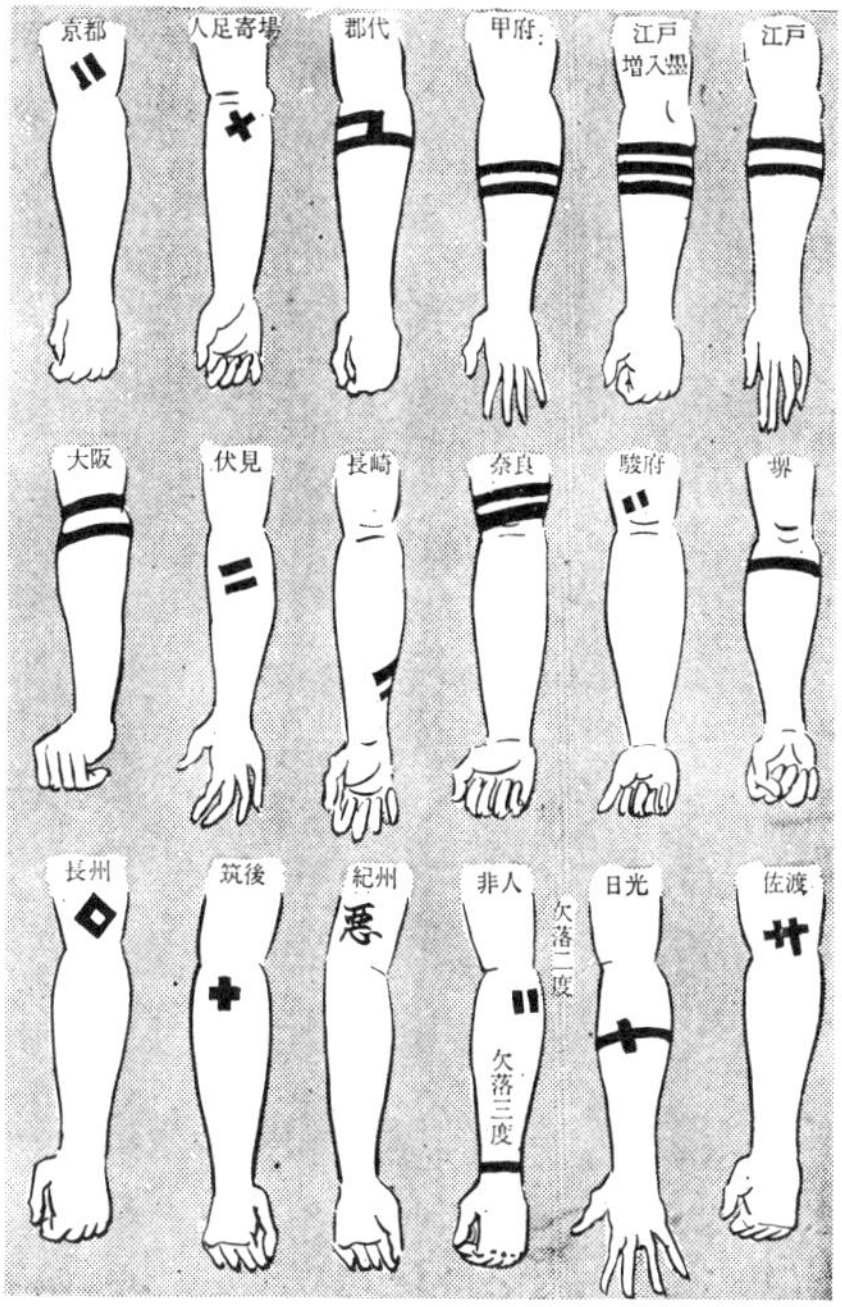

いれずみいろいろ

「郡代入墨」は、左腕上膊に幅三分の輪を一筋入れ外側から見て片仮名の「ユ」の字に見える一線を加える。

「京入墨」は、左腕に肩より五寸下がって三分巾長さ四寸の線をたてに二本入れる。のち、赤井越前守勤役より両腕に入れた。

「大阪入墨」は、左腕上膊に幅五分の線二筋引廻す。腫物などある場合は右腕に入れる。

「長崎入墨」は、左手首三寸ほど上がった場所に、幅五分、長さ一寸五分の線二筋横引きに入れる。これも腫物などあれば右手首に変える。

「穢多頭、弾左衛門入墨」は、駆落ち者に入れる刑罰で非人におとし、一度の場合は、きっと叱りおくだけであるが、二度に及んだ場合は、右上膊に幅三分、長さ二寸の線を縦に入れる。三度に及べば一筋を増し、四度目は死罪、のち、寛政二戌年五月、池田筑後守様よりの申し渡しで改め、駆落ち二度目は左上膊に縦に一線、三度目は手首に幅三分の一線を引き廻し加えることになった。

「伏見入墨」は、両腕ひじ下に巾三分長さ一寸三分の線二本を横引きに入れる。寛政十一未年入牢者肩書に「伏見入墨」と記録されている。

「奈良入墨」は、初め左上膊に幅三分、長さ二寸を縦に二筋入れたが、文化十三子年入牢者肩書に、右上膊に幅三分の線二本を引き廻し、輪の間一寸三分と記録が残っている。

「駿府」は、左上膊、肩より三寸ほど下がった場所に幅三分長さ二寸の線を縦に入れる。

「山田」は、右上膊に幅二分の線一筋引き廻す。

「堺」は、左腕ひじ下一寸のところに幅三分の線一筋引き廻す。

「江州彦根」は、右上膊に幅巾三分長さ二寸の線を横引きに一本入れる。

「紀州入墨」は、右上膊に筆太に「悪」の字を入れる。

「日向」は、左上膊に三分幅、長さ三寸の線打ち違えにX十字形に入れる。

「筑後」は、右ひじ下に、同様打ち違え「十」字形を入れる。

「長門入墨」は、左上膊に釘抜形「◇」を入れる。

「阿波」は、右腕ひじと手首の中間に、幅三分長さ三寸の筋三本横引きにし、額に同様の線三筋横引きに「入墨」する。

以上のように額に「入墨」することは目立ちやすく、隠せないため、最も悪者にはこたえる。腕ならば入墨文様の上に複雑な文字や模様を彫って、下の「入墨」をある程度、隠すことが行なわれた。

額に「入墨」した例は各地にあり、たとえば、

「肥前」では額にX十字を「入墨」する。

「美濃大垣」では額に太く「一」の字を「入墨」する。

「高野山」では額に「●」丸い点を入れる。

「播州明石」は額に一筋。

「筑前」では、額に二筋。

「芸州広島」では、初犯は額に「一」の字、再犯になると「一」の処に「ノ」を加え、三犯は「乀」と「、」を加え「犬」の字にする。

「奥州二本松」では、額に「悪」の字を「入墨」した。

烙印刑

「入墨」のかわりに、焼印(註26)を押す刑は、幕府の正刑には見られないが、非人の間や、各地の私刑の場合には行なわれた。

「南部支藩」では、後ろ手に縛った罪囚の額に赤く焼いた焼印を押した記録がある。

幕末某城下の私娼狩りに、臀部に焼印を押手一度は釈放、二度に及べば「追放」と認録してある。

（註26）切支丹宗徒を放逐する場合、額に大きく十字架の意味で「十」の文字を焼印で押す。また手の指十本を斬りおとして、解き放ったといわれる。

第二十三章　遠島御仕置

るにんせんと流人船

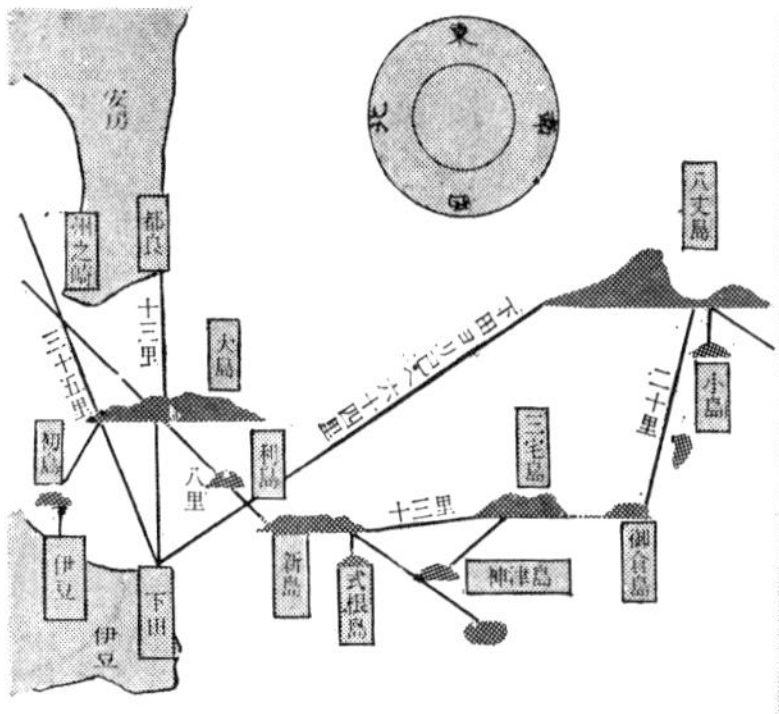

近藤重蔵の息子富蔵が八丈島に流刑になった折書いた八丈実記所載の地図

遠　島

「追放刑」の厳しいものは「遠島」処分である。いわゆる「流刑」、「島ながし」である。

江戸より流罪の者は、伊豆七島の中の左記の島々に流された。

大島、八丈島、三宅島、新島、神津島、御蔵島、利島。

京[註27]、大阪、西国、中国より流罪のものは、薩摩五島、肥前天草島、隠岐島、壱岐島。

再犯の疑いある者や、金山の水替人足不足の場合は、無宿者を捕えて、佐渡島に送った。

「遠島船」（囚人護送の渡船）の出る場所は、芝の金杉と、永代の二ヶ所から出るしきたりで、永代橋から出帆する流人は、どんなことがあっても死ぬまで帰れない者たちで、舟にたてる幟は、平仮名で「るにんせん」と書いてあったといわれる。

金杉から出帆する流人は、何年か後には、特赦の御沙汰があって、本土に帰ってこられる望みのある者たちで、舟の幟には、漢字で、「流入船」と認めてあった。見送りの近親者たちが涙を流して別れを惜むことは黙許されていて、島送りの役人たちも、いつもながらの愁嘆場を、大儀な役目と嘆じたといわれる。

『徳隣厳秘録』に、「遠島御仕置の事」として、出帆までの模様が詳しく載っているので、その一部を抜粋して参考に供する。

出帆までが大変

一、掛々にて遠島申し渡し、出帆まで在牢出帆以前囚人身寄より届物を、書付を以て係りえ願い出で、書付ばかり、出帆世話役、町奉行に達し、町奉行より牢屋敷え差しつかわす。身寄りなき者、届銭なきものは、係より手当銭つかわす。雑人は一人え金二分、揚屋ものは一両分、座敷者は二両、いずれも銭にて渡す。届物員数は一人まえ、米二十俵まで、銭二十貫文まで、金二十両まで、ただし銭に直す。

前記員数より上は相成らず。外に麦五俵位までは届願い相すむ。

刃物。書物。火道具。右の品々は届願い前々より取りあげず。

出帆日限定り候えば．先達て願書差し出し置き候届物の品々、右出帆前日、世話番の町奉行所え持参候様、兼て願い置きさし身寄りの向々え牢屋敷又は掛々より申通る。

一、出帆前日、御舟手え引渡し、出帆与力雙方二人、牢屋見廻り与力雙方。石出帯刀え、世話番町奉行申し渡し、人別島割帳面相渡す。

一、右申し渡し相すみ、牢屋敷廻りえ居残当番所前にて届物品々相改め、帳面に引合せし品分は届願人町役人共、掛り御舟手番所え持参候様申渡し、年寄同心え品書帳相渡し差そえ御舟手え引渡し候様談ずる。

一、右銭の分は届銭、手当銭とも、前日御舟手えはつかわさず、牢屋敷えつかわす。
一、右調べ相すみ、牢屋見廻り牢屋敷え罷りこし、詰所前へ莚を敷き、「遠島」の囚人一同を呼出し、手鎖腰縄にて下男引き来る。
鎰役《かぎやく》、医師、椽頬えすわり、明日出帆、並びに島割帳、身寄りより届の品、掛々より手当銭等、牢屋見廻り申し渡し、牢内にて用ひ来し候、薬、膏薬等、医師より相渡し、右届銭、手当銭の内にて買物等、囚人共相願い候えば、一人四百文位は買物致させ候事。
一、当期引渡出役一同相そろい候上、囚人は牢前に差し出し、侍、出家（僧）等は駕籠、雑人は持籠にのせ何れも青細引にて縛り揚屋者は羽がい締めにし、銭はかますに入れ木札をつけて銘々の前に並べおき、出牢与力其他一同罷《まか》りこし、鎰役出牢証文を以て、囚人名前肩書年附入日掛りなど相改め、出役与力え相渡し牢屋裏門より差出し引渡す。
下役同心は囚人高に応じて増減これ有り、囚人に附そい御舟手番所え罷りこし、出役の与力御舟手頭に応対して囚人、銭、並びに牢内より持参せる雑物共引渡す。

但し揚屋者、座敷者、並びに女は船中別に囲う。

以上のように面倒なしきたりを踏んでやっと出帆する。


（註27）関西諸藩からの流人は、大坂に集めて島送りとする。京都からの流人は、高瀬舟にのせて、京都町奉行所の同心が付き添って大坂まで送る。諸藩での場合、適当な島がないときは、永牢をもって流罪に代える。流人が島で悪事を働けば、島更《が》えとて他の島に移す。再び悪業があれば断崖上から海に突き落として殺し、刃物は使用しない。暴動・島抜けの場合、銃殺することもあったらしい。

第二十四章　その他の刑罰

闕《けつ》所《しょ》

「死刑」、「遠島」、「追放」などの「附加刑」で、士農工商同じく、動産、不動産を没収する刑である。最も重い「闕所」は、田畑、家屋敷、家財を、つぎに重い「闕所」は、田畑、家屋敷を、軽いものは田畑のみ没収する。

非人手下

罪人を非人頭車善七に下げ渡して、非人の籍に入れ、その手下につける。非人は賤民として扱われていたので、不名誉なことである。

「入墨刑」、「晒刑」を受けた上、この「非人手下の刑」をうける者もある。

叱り

今日の「説諭」と大たい同じで、その罪を「叱責する」という一番軽いものである。

「叱り」と、「屹《きつ》と叱り」の二種がある。「屹と叱り」の方が重いのはもちろんである。

奉行所で申し渡し、罪人は差添人と連署で叱責の請書を呈出しなくてはならない。今日の始末書より少々重いものと推定される。

過　料（科料）

今日の「罰金刑」である。軽いもので三貫から五貫、重いもので二十貫から三十貫の罰金を科した。

また身代（財産）の分限に応じて、三つ割り一つとか、三つ割り二つとか、四つ割り一つとかいうように割りつけて出させることもあった。

享保年間、非人頭の車善七の配下の者が、放火犯として逮捕され、小塚原で「火あぶり刑」に処されたことがあった。「取り締り不行届」のかどで弾左衛門は三十貫の過料、善七は二十貫、松右衛門は十貫の「過料」に処せられたと記録に残っている。

戸《と》閉《じめ》

いわゆる「閉門」、「おしこめ」の刑罰である。

家の戸を釘づけにして見せしめとする罰である。五つの段階があり、二十日、三十日、五十日、七十日、百日の別があった。

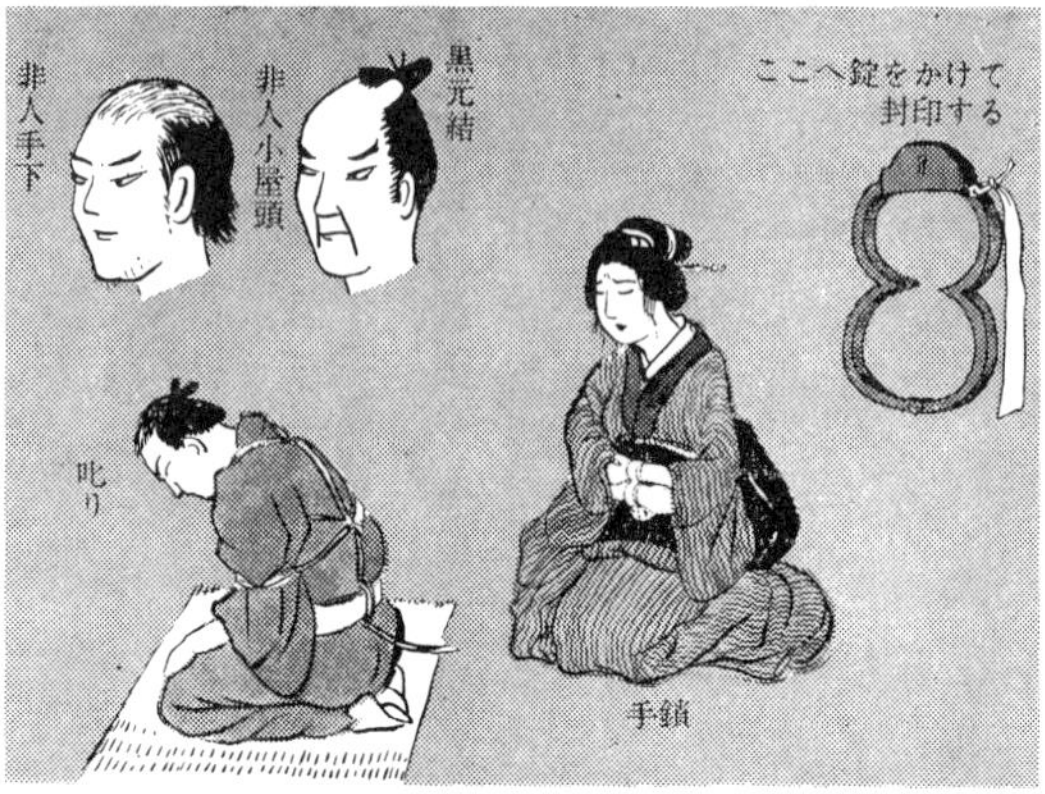

手錠をかけられた女

手錠

両手を前に組ませて、鉄製瓢箪形の手錠をかけておく罰である。三十日、五十日、百日手錠の三種があった。「三十日手錠」、「五十日手錠」のものは、五日目ごとに同心がやって来て「錠改め」を行ない、「百日手錠」のものは、隔日（一日おき）に「錠改め[註28]」にやって来た。

身分ある者の刑罰

「逼塞《ひっそく》」、「遠慮」、「慎《つつしみ》」、「閉門」、「蟄居《ちっきょ》」、「隠居」、「永隠居」、「改易」、「切腹」の九種があった。

僧侶の刑罰

これには「晒」、「追院」、「一派構」、「一宗構」の四種があった。

（註28）手鎖刑で自宅に禁固されると、食事、用便、入浴などすべてに不自由である。入浴は着衣を裏にしてはぎと

り、両手首近くにたくしあげて入浴する。何とかしてはずしたくなるのが人情である。手鎖を手から抜くには手に油をつけて、痛いのを我慢して引き抜く。または見廻りの同心に袖の下で頼むと、鍵を忘れたふりをして置いていったという説もある。手鎖をはずし、吉原に遊んで帰宅してみると自宅はまる焼けで手錠がなくなったという話もある。

第二十五章　伝馬町牢屋敷

地獄門の内側

江戸伝馬町牢獄は、総坪数二千六百十八坪あまりとも、一説には、三千六十余坪とも記録してある。四周に溝をかまえ、表門は西南面し裏門は東北面する。この二つの門を俗に「地獄門」と呼んでいた。囚獄長（牢奉行）は、代々世襲で、石出帯刀である。

牢奉行の下に、牢屋同心が七十八名ぐらい、下男の獄丁が四十六名前後つとめていた。

牢屋同心は「不浄役人」と陰口され、一般人から嫌われていた。大ていは、二十俵二人扶持をもらっていて、その役格は、鎰《かぎ》役を最高とし、鎰役助、数取り役、拷責の打役、牢番の小頭、世話役、平番人の順であった。

牢の種類は五つに分たれていた。「町人牢」、「百姓牢」、「女牢」、「揚り屋」、「揚り座敷」の五種牢である。

「町人牢」は町人を入れる牢で五間に三間、俗に「大牢」(註29)と呼ばれていた。

「女牢」は四間に三間。

「揚り屋」は御家人、大名旗本の家来、僧侶を入れる牢で三間に三間。

「揚り座敷」は、畳敷きで五百石以下の旗本を入れる牢で二間半に三間。

五百石以上の者は、他家にお預けになる。

この伝馬町牢屋敷は、延宝元年に常盤橋門外から移され、土蔵造りの三方壁前の一方だけを格子にしてあったものを、天和三年に、「揚り座敷」を新築したとき、四方格子に造り直し、明治八年五月、牛込市ヶ谷町に移転するまでの、二百余年間使用された。

「百姓牢」は、安永四年に増設されたもので、これで五種牢が揃ったわけである。初めは未決囚も罪状の決まった者も収容していたが、松平越中守の執政時から、未決囚専門の牢獄となった。

伝馬町牢獄

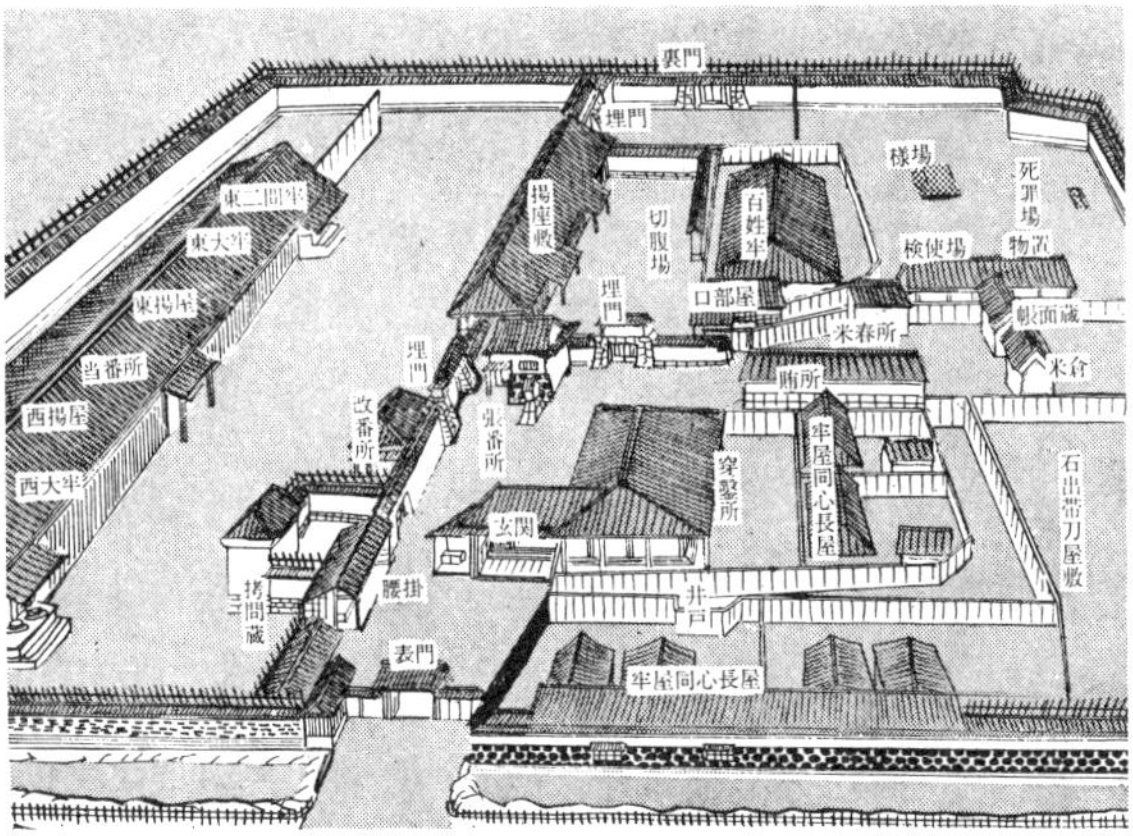

牢　獄

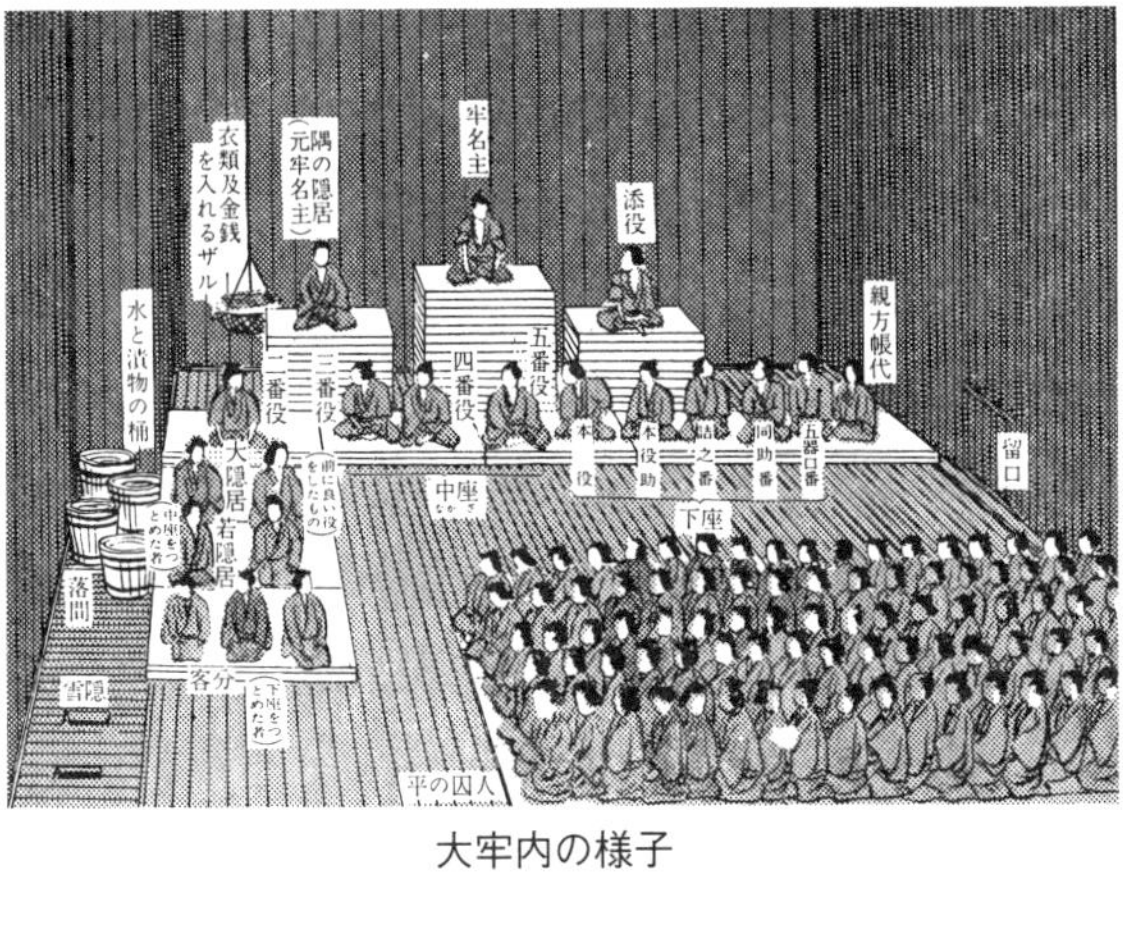

大牢内の様子

今日では想像もつかぬくらい、不潔でじめじめし異臭鼻をつく牢内に、ぎっしり詰め込まれた囚人たちの苦痛ははなはだしく、夜は一点の灯火もない、いわゆる暗いところであるから、憎まれたり、囚人数が多くて手ぜまになったりすると公然と暗殺されるし、全く生きた心地もせぬ地獄の底のようなところであった。

食事は朝夕の二度で、一日玄米五合、精白して四合五勺があてがわれた。女囚は玄米三合、精白して二合五勺、それに一椀の汁がつく。香の物は支給しないので、牢内でこしらえていた。

大牢の者の行水は毎月二回で、月代《さかやき》は七月と十二月の一年二度。ただし牢名主だけは月に一度とくに許されていた。

浅黄の四季施（獄衣）は、五月と九月の二度に支給されていた。

牢内の実権は牢名主以下十名以上の実力者に握られていて、平囚人は手も足も出ないありさまであった。また、牢役人の役得かせぎの犠牲になって、食事その他は最低のものとなり、ただわずかに生きながらえる程度の生活を強いられていた。牢内で一般のものを手に入れるには、二十倍から三十倍に物価がはねあがった。

密かに金銭を牢内に持ち込んだ（俗に、「つる」と呼ばれた）者は、牢内でいくらか優遇されたが、「つる」のない囚人は悲惨であった。

牢内暗殺

裏切り者や、元目明しなど、牢内風習に反抗する者、寝入っていびきを立てる者などは簡単に暗殺された。暗殺しようと思うものがあると、二、三日前から、牢番に病気のものがあるから薬をもらいたいと請求し、暗殺後、病気で死んでいましたと報告すれば、何の取り調べも咎めもない。

大勢で縛り上げ、蒲団で巻いて頭を下にして壁に立て掛けておくと、つぎの朝までには簡単に死んでいる。また手足を押さえつけ、口と鼻を押さえて声をたてられぬようにしておき、一人が胸の上に、数回、尻もちをついて殺す方法もとられた。何しろ真の闇の中ではあり、牢内全囚人が一致して（協力しなければ憎まれて殺される）やることではあるし、牢番は、素知らぬ顔で、絶対口出しをしないのであるから、助かりようがなかった。牢内の風習や牢内の奇談については記録も逸話も数多くある（第二十七章「牢獄のしきたり」で詳述）。

（註29）大牢《だいろう》に関して。河竹黙阿弥作の歌舞伎『四千両小判梅葉《しせんりょうこばんうめのは》』の六幕に、伝馬町大牢が描かれている。明治十八年の作で最近では昭和六十二年三月公演の国立劇場で、菊五郎と団十郎によって上演された。牢内のしきたりの一部を見ることができた。

牢内の暗殺

第二十六章　病囚と無宿者

溜（ため）

『牢獄秘録』に、「牢死の者の事」として、牢内の伝染病のことに触れた条《くだ》りがある。

一、牢内の病気とはみな牢疫病なり。
これは数年人々をこめ置き候故、自然と人の身の臭気こもりて、此の臭気を鼻に入れ候故、皆牢疫病になるという。

一、（前略）牢死するもの多きは、数年来牢内にこもり居て風も通らぬ処にて、或は熱病に死しても其のままに捨ておく故、自然と人の臭気、牢内の柱にもうつりてわるぐさく、その臭気を嗅ぎ候事は、牢内一同の事故初牢の者は此の臭気に当りて疫病となる。これを牢疫病という也（後略）

昔のこととて消毒など一切しないし、日光は当たらず、通風は悪く、便所は傍《かたわら》にあるし、食事は粗末な「もっそう飯」ときては、虚弱な者はすぐにも健康を害し発病する。

医師はいても、とおり一ぺんの手当しかしないし、牢内一同も病人は邪魔者扱いにする。

一度発病すれば、まず快癒することはない。

頑健な者でも、次第に体力が衰えて発病しやすい状況であるから、病囚は意外に多かったらしい。

重病者でうまく賄賂を使える奴は、「溜（ため）」へ預けられる制度があった。

「溜」というのは病囚の牢であって、伝馬町牢獄に比べると、よほど寛大で設備待遇も良好であったらしい。

『御定書百箇条』中にある「溜」に関する規定によると、反逆罪以外の重病人は「溜預け」できると明記してある。

一、牢舎申し付け候者、最初より溜へ遣《つかわ》す間敷く候。併し乍ら入牢の上重病の者は、御仕置き候者にても溜へ遣し申す可き事。

但し逆罪の者は病気にても溜へ遣し申す間敷き事。

「溜」は浅草と品川の二ヶ所にあって、非人頭が支配していた。浅草は千束村、現在の観音堂境内の裏手にあって車善七の支配であり、品川の「溜」は松右衛門が支配し、双方とも代々世襲していた。

はじめは預ける病囚も少なかったので、非人小屋に収容して張り番をしていたが、収容しきれなくなったので、「一の溜、二の溜」と称する二棟の長屋を建てたのが「溜」の起こりであるといわれている。

「溜」の様子は、享保十年に車善七が呈出した書上によると、仲々けっこうであるが、果たしてどこまでが真実か現在では判明しない。

善七の書上は、次のとおりである。

「溜と申し候は、長屋作りに候。惣《そう》板敷にて畳を敷き、炉も内に有之、夜中は有明（燈灯）も所々に有之、昼夜とも煮焼いたし、茶たばこ薬までも給申度時分、心のままに下され、寒風の節は焚火《たきび》にもあたり居り、風呂も幾度も入、第一牢屋と違い、格子一重にて晴々と致し吹ぬき候に付、悪しき香かって御座無く候て、奇麗に御座候

（後略）」

と書いているから、伝馬町牢獄とは雲泥の差であったことであろう。

「溜預け」になりたいため、絶食したり、塩をなめたりして仮病を使う奴も出てくるわけである。

この「溜」の図は正確なものを見たことがないので、外観も内部の様子もはっきりわからない。「溜」から囚人を

出し入れする場合、前述のように畚（もっこ）を使用したのである。

善七の書状によると、「溜」は格子のある極楽のような気がするが、「溜」もなかなか楽ではなかったのではあるまいか。『南撰要集』に、たった一行ではあるが「溜」のことに触れた条がある。

「伝馬町牢内並に浅草、品川溜の囚人共の内に遺恨之れ有る者入牢致し候えば、法外の取計い致し候由故、薪囚人共直に病気つき、牢死の者多く之れ有る由（後略）」

人足寄場《にんそくよせば》

寛政二年、松平定信の執政時代に、江戸深川の石川島、佃島間につくられた「人足寄場」は、火附盗賊改め、長谷川平蔵の創案から生れた無宿者の教化更生施設である。

石川島と佃島の間の砂洲を築立て、役所、作業場、人足収容所、病人置場、女置場を建て、地形は大たい三角形、周囲の矢来の間数二百四十九間五尺七寸、隅田川に面して門があり、門の正面に役所の玄関、門の両側に番所がある。人足を収容する長屋は、多く石川島と向い合う三角形の斜辺にあり、作業場は佃島に面する側にある。

ここには、無職の無宿、入墨、敲の刑になった者で落ちつく先のない者、また再犯のおそれのあるものなどを収容した。

ここでやらせた作業は、紙すき、鍛冶、屋根ふき、大工、左官、元結作り、草履作り、縄細工、煙草切り、竹笠作り、彫物、などで、工場には、たどん製造工場、胡粉製造工場などがあって、安政ごろには油を絞る作業を主にやらせた。労銀はその三分の一を本人のものとして積み立て、放免のとき下げ渡してやった。そのほか、手当として銀五貫から七貫を与え、百姓なれば土地、江戸者なら生地に店をひらかせ諸道具まで官給したという。

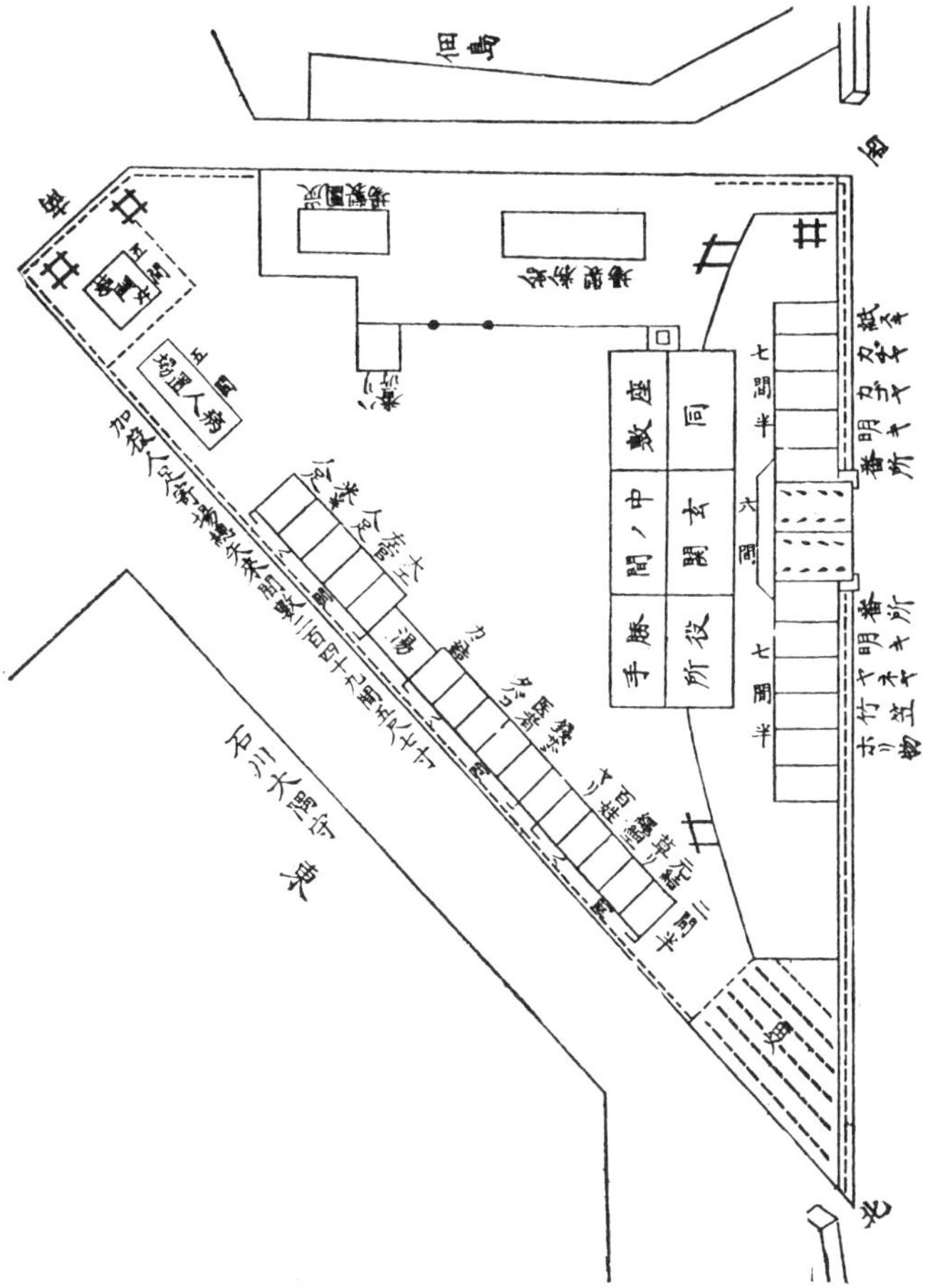

人足寄場絵図（「一話一言」三十七）

寄場の費用一切は、すべて人足の労銀で支弁されていた。着衣は柿色に水玉を白く染めぬいたものを着せていたので、「水玉人足」と呼ばれていた。頭髪は平人に同じく（ちょんまげ）、女は鉄漿《かね》をつけていた。食事や入浴など牢獄に比べると大変な違いで、人情味のある取り扱いであった。

佐渡の金山

「佐渡の金山この世の地獄、登る梯子はみな剣」と謳われた佐渡金山の「水替人足」の労働力不足をおぎなうため、江戸の無宿者はときどき狩り出されて、目籠にほうりこまれ、佐渡に送られた。寛政以後は長崎からも送られ、文化以後は大阪からも佐渡送りがあった。

無宿者や愚連隊の、もっとも恐れたのは、この佐渡御用であって、佐渡を引っくり返して「ドサ御用」と呼んで恐れた。「ドサクサマギレ」、「ドサック」、などのことばはこれから来ているのではないかと思う。

「水替人足」を収容する小屋は、建坪百三十余坪、銀山間《あい》の山の奥の谷間にあり、囲いを造り外界との交通を遮断し、逃走を防いだ。小屋場には、差配人、小屋頭、下世話などがあって、「水替人足」を監督し取り締まっていたが、これは皆、牢獄内と同じで、人足中から選任した連中であって、残忍冷酷なことは牢獄内以上で、拷問、刑罰の残酷なことは筆舌につくしがたいものが行なわれていた。この「水替人足」には期限はない。死ぬまでの重労働であった。

第二十七章　牢獄のしきたり

入　牢

入牢といってもいろいろの場合がある。俗に「軍鶏入り《しゃも》」と呼ばれた奉行所内の仮牢に入れる場合などは、至って簡単であったが、これは留置場のようなもので、ほんの一時の監禁場所であるからである。

伝馬町牢獄に入牢の時は、さように簡単にはゆかない。なかなか面倒な手続き、順序があり、持物、衣類などの検査もあったのは当然である。まず必要なものは「入牢証文」である。「入牢証文」は、胡粉をまぜ入れてすいた紙である「西の内」または「駿河半紙」に、奉行の花押《かきばん》まで加えた囚獄長石出帯刀あての公文書である。

『牢獄秘録』に入牢の様子が詳しく述べられているので記載しておく。

「まづ入牢の者之れ有る時、町奉行懸《かかり》より送られ候えば、乞食鉄砲町の辺より先へ来り、表門より乞食「牢入りイ」と触れこむなり。是を広間（石出帯刀役所の玄関を広間とよぶ）に詰めたる平当番（牢屋同心）是れをきき張番にも申し聞ける。

又御勘定奉行懸りは直に牢内へ連れ来る。本役、加役（火附盗賊改め）も同じである。次に入牢者を牢屋敷に引き牢庭火の番所（この番所は二畳敷で入口は甚だ小さい）の前に引すえおく。時に火の番所前三尺通りの落間に鎰番来り、科人を送りし人より、科人の書付（たとえば榊原主計頭《かずえのかみ》殿懸り、武州埼玉郡柏原村無宿亀五郎、年二十二才と認めあるをいう）を請取り落間の前に砂利少々之れある所へ、科人を引きすえ、「その方は誰殿御懸りにて、出所は何処、年何才」ときく。時に科人「北御奉行様御懸りにて、武州埼玉郡、柏原村当時無宿にて年二十二才也」という。

時に右書付と引き合せ、「相違之れなく、何の某（鎰役己の名をいう）たしかに諸取る」と答えて、右の科人を送り来りし人を返す也。是れ両町奉行所、御勘定奉行、本役、加役とも初めて入牢の時はかくの如し。

科人大勢なりとも、一人一人かくの如く相改むること也。

火の番所にて、鎰役科人一々書面に引き合せ請取り、それより外ざやの内に入る。

此の時科人何人にても見廻り一人（町同心）、下役一人（町同心）、鎰役（牢屋同心）、平当番二、三人（牢屋同心）、張番（牢屋下男）は科人一人に二、三人。科人大勢なれば六、七人もいる也。これは衣類持物を改る役也。外ざしの内に入り、外より外ざしの口をしめる。此の時、鎰役科人共に向い申すには、「御牢内に御法度の品之れ有り、先づ金銀、刃物、書物、火道具類は相成らぬぞ」と言う。時に張番に差図して縄を解かせ、先づ衣類を相改め、下帯を改め、髪ほどき改め、帯も改め、その衣類え下帯、草履はきもの（雪駄）共にくるみ、丸はだかのまま此の衣類をかかえさせて（大牢二間牢共）留め口を入る也。此の改めの時、金銀衣類にぬい入れ之れ有る時は、手にさわりても張番知らぬ顔にて入れ遣す（後略）」

この改めの時、平当番の中に囚人を脅すために、「その方、つる（金子《きんす》）を牢内に持ち込むなど、いらぬことである。もし持っているなら早々にさし出してしまえ。万一あとで判ると只では相すまぬぞ」と怒鳴りつける者もある。「有りません」と答えれば、そのまま入れてやるが、恐れて差し出してしまう囚人もいる。差し出した者は入牢してから同囚に殴《なぐ》られるそうである。金銭は「つる」と称して、牢名主に土産として差し出さねば手ひどく扱われ、「つる」が多ければ牢内一同幾分助かるので優遇されるのである。

入牢者は金銀を衣類に縫い込んだり、綿にくるんで肛門や陰部に挿入して秘かに持ち込んだり、呑み込んで入牢する。

鎰番や当番が、「つる」を素知らぬ顔で、牢内に持ち込ませるのは、ここで発見すれば当然お上に没収されてしまうし、牢内に持ち込ましておけば、牢名主から「リベート」としてその一部が自分たちの懐中に戻ってくるからである。「地獄の沙汰も金次第」とは全く牢内の風刺といってもよいくらい、そのものズバリである。さて、科人何人でも前述のように一人一人改めるのであるから、これに要する時間は随分かかる。推定すると一時間に五人か六人くらいではあるまいか。入牢は昼間に行なうことはまれであって、ほとんど日が暮れてから入れたということである。

一度江戸中の女芸者二百人余を召捕って入牢させたことがあり、日暮から始めて夜の八つ過ぎ（夜中二時ごろ）まで改めにかかったと記録されている。牢入口の情景を『牢獄秘録』は次のように描いている。

改めがおわり、鎰番大牢（二間牢も同じ）と呼ぶ、牢内より名主へイと答える。

時に鎰番申すは「牢入りがある何々殿御懸り何国何郡何の無宿誰某、年何才」とよび、たとえば何人一件ものと言うあり、叉何人の内入墨二人と言うもある。鎰番これを読みおわると、牢名主「おありがたう御座ります」と言う也。入墨者加わり居る時は、牢内にて名主（留口の内に名主と二番役が両方にひかえ居るなり）、「入墨さあこい、まけてやるぞ」という時に、入墨者は先に入ること也。初牢の者は、留口を入る時、内より「さあこい」と言って、留口はいる時、両方より入り候者の尻をたたくこと也。このたたかれし時に、初めて入牢の者は甚だ恐れて肝をつぶすというなり。入墨者はまけてやるという意味は、此の尻を両方よりたたかぬこと也。一人一人さあこい、さあこいと声をかけ、入りおわりて平当番留口をしむる事也。

この『牢獄秘録』は何人の記述かわからぬが相当の悪文である。しかし事こまかに牢内の様子が表現されていることにおいては、他に比類のない貴重な文献と思う。

牢内では前科者が幅がきき、初めて入牢の者は、いかにもみじめであったらしい。

入口をくぐったつぎの瞬間、両方から殴りつけるのは、ここは娑婆《しゃば》とは違うぞという入牢者への示威であろう。

入牢が終了すると、「喋り」と称する、牢名主から新入り一同に対する牢内しきたりに関する訓辞が始まる。その文句たるや聞くに堪《た》えない卑猥な文句であって、新入りはまた、肝をつぶし、これはまた大変な処だとふるえ上がる。

「喋り」の文句の中の一節を参考までに述べると

「今夜も当るが、夜の一時《ひととき》の草履番、それをしんべう（神妙）に相守るべし。それも娑婆の気質を出して、向う通りの同座のものを相手取り、喧嘩口論がましい事でもすると、御牢内の格式の仕置申し付けるぞ。牢内は段々仕置の多い所だ。もっそう仕置。海老手鎖。三尺手鎖。さや磔《はりつけ》。段々撲《ぶ》って撲《ぶ》って撲《ぶ》ち廻し、またも仕置の多い所だ」

喧嘩で入牢させるときは、東牢と西牢に引き分けて入牢させることになっていた。

女牢への入牢者は、乞食女房が衣類をはぎ改め、腰巻まで改め、髪もくずして改める。乞食の女房は女牢附人として、一人ずつ一ヶ月代わりに替り合わせて女牢の内にいる。

牢内では繻子《しゅす》、縮緬《ちりめん》、羽二重は法度であるが、改めのとき、乞食女房が、黒絹とか島絹とか白絹とか、とにかく絹といえば、そのまま通過させ、見逃すのが、しきたりであった。

女の入牢者が乳呑み児をかかえている場合は、子供もいっしょに入牢させた。この子供も、やはり衣類を脱がせて改める。懐胎中の入牢者は牢内で出産させ、附人の乞食女房が世話をしてやるのである。

差し入れ（牢見舞）

正式には「届物《とどけもの》」と呼ばれた。こわめし（赤飯）、とうがらし、餅のほかは、食物の「差し入れ」を許されていた。

法度のものは牢番の余得として召し上げられた。面白いことには、米飯は牢内で給与してあるから法度であった。米飯の場合、上に菜を少しかけておけば、菜飯と認める。ささぎ、あずき、茶飯、海苔飯ごまをつけた握飯などは許され、肴などの届け物も許されていた。もちろん飯の中も改めて危険な品物の持込みを防いだ。

「届物」の中で喜ばれたのは蕎麦であるが、これは遠くからではのびてしまうので、鉄砲町あたりの蕎麦屋にたのんで四斗樽に入れ、汁は手桶に入れて運んだといわれる。

牢内の食事

食事は朝五ツ時、夕九ツ時の二回である。牢囚の食事は、牢屋敷内台所でこしらえ牢内に運ぶ。この係りは張番が数人で当たる。

「もっそう」とよばれる曲物に飯を入れ、「汁もっそう」といわれる汁入れの少し小さい曲物に汁を入れ、箸をそえて、人数分だけ「五器口」とよばれる口から入れ、五器口役が受けとる。香湯も与え、香の物はぬか漬けの大根であった。水も与えたが、牢内には常に水を容れた四斗樽五つ六つが置いてあった。もっそう飯の配給は、牢内役付四人の数名が行なった。飯の分量の少ないこと、汁のうすいことなど、前述したが、生命をつなぐ程度の最下級のものであったのではないかと思う。ただし病囚には粥《かゆ》、七月十五日には青魚と素麺の特別食、正月十五日には小豆粥が与えられた。

牢内の理髪デー

毎年七月に一度、牢内の者残らず（病囚は除き牢内に残る）月代《さかやき》を剃らせ髪を結わせる。普通は、牢内で互いに髪を結び合っているが、刃物厳禁の牢内で月代を剃ることはできない。江戸中の髪結い一町内から一人ずつ家主さし添えで早朝から牢屋敷表門に詰めて待ち、もちろん無料奉仕である。

牢庭に石出帯刀、見廻り町同心一人、牢屋同心、牢役、平当番共、二十五、六人と張番が十人ばかり出張って、牢庭に莚を敷き、牢内の科人を三十人ずつ手錠をかけ（不足の分は縄で縛り）、牢庭に出して、月代を剃り髪を結んでやる。手錠をかけるのは、三十人の人数で乱暴すると剃刀が手近かにあるし危険であるからであろう。

牢名主ほか二名ぐらい（もちろん役付囚人）は、月に一度ぐらい月代をし、髪を結わせた。

牢囚の入浴

獄の棟の両端に張り出して、湯をつかう室があり、五、六人ぐらい一度に入浴できるようになっていて、二十日に一度ぐらいずつ、入浴させた。湯はその場で沸かさず（牢獄の棟は火気を禁ずるため）台所で沸かして運んでくるのである。

牢囚の大部分は未決囚であるから、（既決囚も、もちろんいるが）衛生的見地からも入浴をさせたものと思われる。

牢内役付囚人

牢内における囚人の規律と戒護は、牢名主と牢名主の指名による十三人の牢役人が司《つかさど》っていた。牢名主は人望と才幹があり、囚人たちに睨みのきく者を牢屋敷で選定した。

牢役人の任務は、飯食物の配給、汚物の掃除、点呼、不寝番《ねずのばん》、自殺防止、病囚の看護、破牢を企てる者の訴え出など、牢内のすべてであるが、弊害も多かったが改正できなかった。規則違反の名目で感情にまかせた残忍な制裁や、牢屋下男と結託して行なう囚人の金銭衣服、差し入れ物の横領や、つる金のない囚人を虐待し金を貯め込むなど、牢名主の性格の善悪は一般囚人の生活を極度に制圧した。『牢獄秘録』には、牢役人の呼び方を左のように記録している。これは大牢、二間牢とも同じである。

名主一番役、二番役、すみの隠居、つめの隠居、穴の隠居、三番役、四番役、五番役、人数改めの役、食事の世話役、助役二。

『南撰要集』には、

名主、添役、角役、二番役、三番役、四番役、五番役、本役、本役助、詰の番、同助番、五器口番、親方帳代。

この中、三番役より五番役までを中座《なかざ》と唱う。隠居には、大隠居、若隠居、隠居並の区別があった。

映画や芝居などで畳を数枚つみ重ねた上に、ひげ面の凄い男がふんぞり返っているが、あれが牢名主であり、つぎに畳数の多いのが二番役、だんだん格が下がって、畳一枚に一人、畳一枚に二人となる。「向う通り」といわれる新入り囚人は畳一枚上に七、八人坐らせられる。

この風習は、畳を少なくして窮屈な目にあわせ、届物（差し入れ）のあるものをだんだん楽にしてやり、一枚に四人ぐらいまで引き上げてやるためである。

「つる金」は全部、名主が請け取り、すみの隠居から一番役に渡し一番役が預かる。これを、吊るした「ざる」に入れておくのである。「つる」が集まって相当の金額になると、牢役人中の五番役までぐらいが、それぞれ分割して取ってしまう。余分の着衣なども全部取り上げて、「ざる」中に保管しておく。

持込禁止の品、筆墨、硯、刃物、はさみ、碁将棋、花札、煙草道具なども、張番に金をつかませて牢内に持ち込んである。
五、六日に一度ずつ「牢内改め」があるので、この時は、畳をつんだ蔭（穴という）に隠しておく。
糸針、ひめのり、手拭、半紙、元結、くし、髪油などは許されていた。

牢　法

「牢法」と称して妙な習慣があり、これは固く守られていたという。

大牢、二間牢とも、毎朝七ツ半時の廻りの時、大牢にて一人大音声に、「寺社御勘定御役人申《もうす》」と、節をつけて永く二た声いうときに、牢内の者一同「エエイ」と大声を立てる。

また、暮六ツ時の廻りのとき、二間牢で一人大声に「かしき留りましたあ」と節をつけて、永く四度呼ばわる。ときに一同牢内中「エエイ」と大勢で声をそろえて叫ぶ。大牢と二間牢は、毎朝替りがわりに呼ぶことになっていた。

揚り屋や女牢は、このようなしきたりがなかった。これを世間では「時の声」をあげると称した。

朝夕食事のときは、一同声をそろえ、「御ありがとう」という。

「御仕置の者御沙汰はない」というときには、一同大声で「あー」とか「エエイ」とかいうことは前述した。

御仕置者を連れ出すとき、左右から取り押さえ「しっしっ」と声をかけて留口におし出すことも「牢法」であるが、これも前に詳しく述べたとおりである。牢内では便器のことを「つめ」と呼ぶ。大便は大づめ、小便は小づめ、これも「牢法」である。

とんだ御馳走

目明し、岡っ引きや密告者が入牢した場合、生きて出られることは、まず無いということは前述した。岡っ引きには元来、前科のあるものや身状のよろしくない者が、なっているのであるから、また牢屋に入ってくることもあるわけである。直接に、その岡っ引きのために痛めつけられた怨みのある場合はもちろん、岡っ引きだというだけでも囚人全体から憎悪の目で見られる。平囚人から一言でも訴えがあると「こいつは娑婆で御用風を吹かせやがって飛んでもねえ奴だ。よし可愛がってやれ」ということになり、名主始め牢役人の仕置がはじまる。

牢名主や二番役が大声で「詰の本番」とよぶ。「おお」と答えて出てくる奴に目くばせして「この新入りに、うんと御馳走してやれ」と命ずる。詰の本番は向う通りから最も獰猛そうな奴を一人選び出し「やい御馳走の手伝いをしろい」と命ずる。手伝いは畏まって直ぐ椀を持って「つめ」(便所)に行き、「お膳ができました」と報告して、また引き返して行く。「おー然らば」と詰の本番は当の岡っ引きを落間に引きずり出す。

落間では、手伝いの囚人が腕まくりして控え、先の椀に大便を山盛りに盛りこみ杉箸を添えて置いてある。これはと驚いてたじろぐ当の岡っ引きを、詰の本番が衣服をはぎ下帯をとり真っ裸にし、下帯で裸体に襷《たすき》をかけさせ背中に結び、両腕をつかみ膝を後ろから蹴折って坐らせ、少し仰向きに引き据えて待つ。このとき、本番助役は「極め板」(前述)をとって岡っ引きの後方に立つ。

手伝いの囚人は、岡っ引きに箸を持たせ、椀を与える。すると本番は、「これ神妙にいただけよ。遠慮するとお替りをつけるぞ。それ早くいただけ」とせき立てる。

四辺の権幕に気おされて致し方なく一口いただくところを、助役不意に、「極め板」で背中を一撃する。思わず咽喉がひらいて口中の御馳走がのどにすべり入る。これをくりかえし一椀やっと食べ終わると、本番は「それ、お替りを差し上げろ」と呼び、手伝いがまた、献立に取り掛かる。お替りをさせるか、させないかは、すみの隠居の考え一つで、すみの隠居が、知らぬ顔で発言しないと三椀まで食べさせられる。すみの隠居が、もうよかろうと思えば、静かに近づいて、「お客も十分の様子だ、お替りは止めてやれ」といえば、御馳走は終わる。それから御馳走のお礼廻りをしなくてはならぬ。名主から牢役人全部の前に一々頭をさげ、「御馳走おありがとうございました」と挨拶廻りをするしきたりであった。

これくらいで済めばよいが、どっこいそうは参らぬ。何しろ退屈で腕がむずむずしているような奴ばかりであるから、朝な夕な、引き出して責めさいなむ。たとえば、両手を鞘（牢格子）にかけさせ、両足を少し後へ引き下げさせ、一人が首を押えつけ、他の一人が両足を押え、太股にぬれ雑巾をあてておいて、「極め板」の横で、続けざまに打ちすえる。

「牢法」で声を上げるときに行なって悲鳴を消したり、猿ぐつわをはめて声を出させない。

二、三日もすると内股に大きな黒あざができる。こうして七日でも十日でも責めて、飽きがくると、後ろ手に縛り上げ、這いつくばらせて、濡れた雑巾《ぞうきん》を顔にあてがい、後方から陰のうを蹴りあげて殺す。死に切れない奴は「極め板」で殴りつけたり、咽喉を締めたりして虐殺する。

隣りの牢に入った者でも、「溜」に行った者でも、名主から名主に連絡がとれるので、憎まれたが最後、到底逃れることはできない仕組みになっていた。

怨みのある者ならまだしも、相牢の同囚で何の関係もない者を虐殺することも、しばしば行なわれた。これは、つぎに述べる「作造り」からである。

作造り

牢囚の数が適当なときは行なわれないことであるが、囚人数が多くなってくると、畳一枚に七、八人以上詰め込むことになる。

牢役人たちは、どんなに平囚人が多くなっても関係なく楽にくつろげるが、平囚人どもは、寝ることはもちろん坐ることもできなくなる。たとえ傍に、どんな空席があっても、勝手に手足をのばしたりしたら、どんなひどい仕置きを喰うか判らない、割り渡された空間に目白おしに坐っていなくてはならぬ。

このような場合に、収容人員を自分らの手で減らして楽にしようというのがこの「作を造る」ということである。

二番役が名主の内許を得て、中座の者たちと相談して平囚人の中から殺す者を選び出す。「どうも虫の好かねえ奴だからあいつを」「いびきが大きくて皆の迷惑だからあ奴も」「どうも顔《がん》つきが気にくわねえな、あいつも入れとこう」「あいつはつるもねえし、差し入れもねえぞ」というぐあいに、消す奴を人選する。

夜、真っ暗になると虐殺がはじまり、一夜に、三人、四人と殺してゆく。これが、五日おき十日おきに行なわれてはたまらない。平囚人たちは、いつ自分に番が廻ってくるかと戦々競々として、もっそう飯も咽喉を通らなくなったというが、無理もない話である。

屍体は「急病で死にました」と届ける。当番の同心から牢医に命じて検屍させるが、これがまた、ほんの形式的なもので、「むむ、いかにも急病死だ」とすぐ引き上げかける。「先生にお手洗いを差しあげます」と、すかさず、すみの隠居が、紙にひねった二分金を袖の下に。これが慣習になっていたというから、成るほど、恐ろしい処とは、よくいったものである。

地獄の沙汰も

牢屋下男はもちろん、牢屋同心、牢屋見廻りまでが、袖の下（賄賂）をとったのであるから、一見きびしい牢獄内も、金（註30）さえ豊富にあれば、ある程度の自由はできたらしい。

『牢獄秘録』には、張番の下男などは、牢名主のまきあげた「つる金」の分配にあずかり、「牢名土と張番は、皆水魚の交りなり」と言いにくいことをズバリいっている。

薬や菓子や酒まで、こっそり買えるし、破牢用の鋸をたのまれて十五両で入れてやり、暴露して死罪になった張番、からすの平八という、つわものもいるくらいである。官公吏の腐敗、人権の無視、為政者のための律令、江戸時代の行刑には全く救いがない。現代と比較しようにも、あまりの隔たりにとまどいするばかりである。

（註30）大変きびしいと思われる牢内も、金銭次第でどんなものでも手にはいった。遊戯物や賭博用具、たばこ、食物、火打道具までそろっていたらしい。小刀は「さか」銭を研いで柄にすえたものは「ぜにさか」、鋏は「かに」、毛抜きは「はか」。火事のことを「赤猫《あかねこ》」と呼び、牢外におきた火事の火の粉を牢内に引きこむ長い棒（手作り）を「呼び木」という。牢内に火が入ると囚人の「ときはなし」があるための工夫である。

捕物篇

第一章　取籠り者の捕縛

取籠《とりこも》り者

街路上や、建物のなかなどで、捕方と犯人が出合って、捕物になることを、行合《ゆきあ》い捕り、といっていたが、この場合は、捕方に八分の利があるといわれていた。公儀の御威光を背後にもち、群衆の加勢も予想される捕方に、たとえ咄嗟の出来事であろうとも、八分の利があることは当然である。

また、居宅や、寝込みを急襲した場合は、

「聞きたいことがあるから、ちょっとそこまで来てくれ」

と、言葉巧みに、だまして拘引するのが普通で、たとえ抵抗されても、捕方に十分の利があるといわれている。ところが反対に、犯人に八分の利があり、捕方に甚だ不利な捕物がある。それは、取籠り者を捕縄する場合である。取籠り者というのは、犯人が誰も寄せつけないように、家屋内や、土蔵や、二階などに立てこもって、険しく構えていることをいう。天正の頃から、明和の頃までは、江戸を始め各地でたびたびこのような事件が起こり、そのたびごとに、厄介な捕物になって捕方を悩ましたものである。この場合は策を用いて、なるべく犯人をだまして、外におびき出しておいて逮捕するということが常識であるが、犯人のほうも命がけではあるし、気負い立っているのでなかなか、だまされぬ場合も多い。

焼打ちをかけて追い出すのも一方ではあるが、野中の一軒家ででもない限り、みだりに火をかけるわけにもゆかず、結局踏み込んで捕えなくてはならぬ場合が多いのである。

大勢に取り囲まれ、逃れる方法もなく、捕方が踏みこんでくるのを、今か、今かと待っている犯人の気持は、追いつめられた窮鼠がかえって猫を噛むといった捨てばちな気持から、死物狂いに暴れて一人でも多く死出の途連れにしてくれよう、よき敵御参なれと、手ぐすね引いて待ちかまえているのであるからまったく始末が悪い。内部に、どんな仕掛けがほどこされているか、どんな用意があるのか、外部からはわからぬし、このような場合はまったく捕方の方が不利である。

取籠り者捕縛の研究は古来難しいものとして、種々研究されている。『武備目睫』や、『古老物語』や、『武学拾粋』などにも、この心得がいろいろと記載してある。

武士ならば時を移さず踏み込め、雑人ならば、なるべく手間どったほうがよろしい、などともいっている。捕物道具のほうでも、こんな場合に対抗する工夫をいろいろしてきたわけである。

一角流鉄手具

幅一尺、長さ一尺八寸の長方形の鉄板を、かまぼこ型に曲げ、上下は受けた敵刃が外れそれぬように凹形に切ってある。板を反らした内側には、たてに、鉄で握り手をつけ、握り手には丈夫な太紐がつけてある。つまり一種の手楯である。左手にこの鉄手具を構えて、犯人の投げつけるものや、刀刃や鎗穂などを防ぎ、右手の十手や鎖物捕具で、犯人を打ち倒したり、身辺につけ入って捕えるための手楯である。木製の厚い、類似の手楯も使用されたことが、一角流伝書に記されている。

現在、警視庁機動隊が、デモ隊の投石を防ぐために使用している合板製の手楯も、江戸時代の捕方に使用された先例があるわけである。

野中の幕

踏み込んでくる捕方を、白刃をかざして、一刀で両断しようと待ち構えている取籠りの犯人に近づく方法のなかには、野中の幕とよばれる一つの方法がある。衣類や、頭巾や、風呂敷などを、袖搦みや鳶口の先にかぶせかけて、犯人のひそむ家内や二階に、そっと差し入れる。待ちうけた犯人が、捕方と思い斬りかけてくる瞬間、ひきはずし、衣類をはねのけて、犯人を搦めとる。あるいは飛びこんで身辺につけ入って捕える。

鉄　笠

鉄製打出し、あるいは鉄板を数枚鋲止めした鉄笠は、危険地帯に踏み込む捕方にとって有利な防禦物となる。頭に被って兜の代用として用いたり、笠の台についた紐を握って、鉄楯の代用として用いたりする。

前述の、野中の幕と、鉄笠は、[註31] 一角流絵目録にも、捕道具として記載されている。

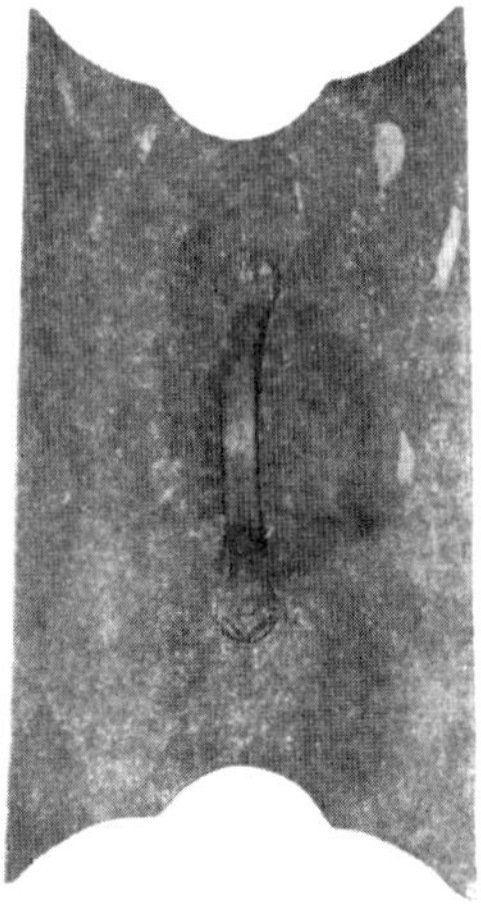

鉄手具
長さ1尺2寸巾8寸　反り1寸

着込《きこみ》　早着込

同心が捕物に出役する場合に着物の下に着用する着込（俗に鎖《くさり》帷子《かたびら》または鎖襦袢《じゅばん》）には、三つの種類がある。一つは、きわめて小さい鉄環を四方、または六方から継ぎ合わせて網状にした襦袢に

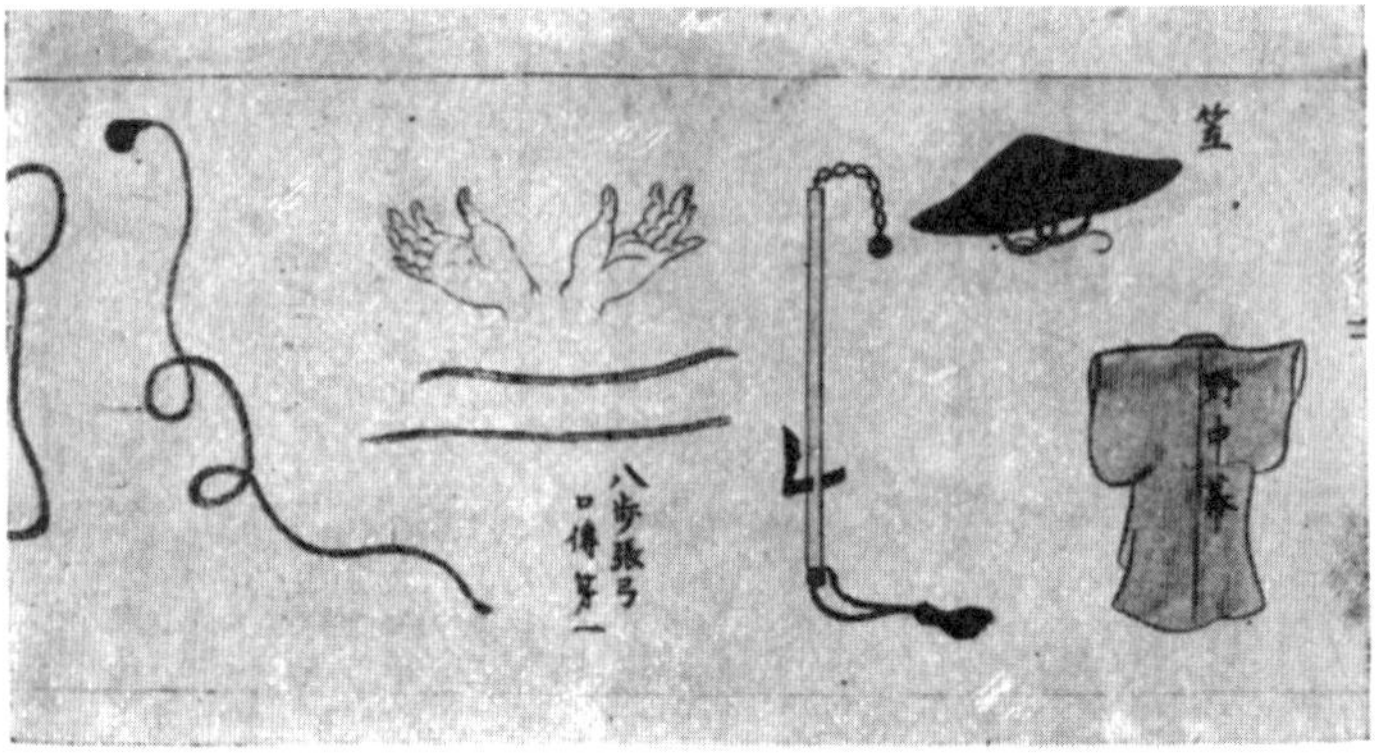

一角流秘伝書の一部　野中幕　鉄笠の図がみられる

麻布の裏地をつけ、玉ぶちを鹿皮でくるんだものである。もう一種は、六角亀甲形の小生革片のかどに、六個の小穴をあけたものを並べて、裏布地と表布地の間に糸で縫い込んでとじつけた襦袢、他の一つは、この六角亀甲形の小片を、うすい鉄板で作り、同様に縫い込んだものの三種類である。

鉢巻、帯、手甲、股引《ももひき》、金的当て、などにも鎖を縫い込んで、敵刃に斬り裂かれぬように工夫したものも使用された。

早着込というのは、鎖帷子の用意のない場合、応急の方法として、綿入れの布子《ぬのこ》を、水に浸して着込む。この方法でもなかなか刀で斬れにくくなって護身の目的をある程度、達することができる。

鎖帷子の鎖には、種々の種類があるが、元来、近東を経て欧州から伝来したものと思われる。西洋具足の鎖と同じ様式に継ぎ合わせたものは、南蛮鎖、または八重鎖と呼んでいるがなかなか堅固で刀刃に切り裂かれない。念入りなものには、鎖の輪一個一個、両端を平たくして重ね合わせ、小穴をあけて裏表から「かしめ」つけた製作もあるが、多くは、輪の両端を、つき合わせただけである。

ところどころに小鉄片を入れて継ぎ合わせたものもあり、その「つなぎかた」によって十種類近くに分類される。

（註31）鉄楯と陣笠を兼用できるように工夫したものに、回転する鉄陣笠がある。手楯として使う場合、鉢が右まわり、左まわりに自由に動き回転すれば、敵刃や敵弾を、辷《すべ》らせて貫通させず、安全な手楯となる。形は正円で笠の内側頂点近くが二重になり、中心のリベットでかしめてある。

鉄　笠

第二章　大捕物

梯子《はしご》捕り

映画では追われる犯人が、屋根から屋根に飛び移り、街角から街角へ、橋を渡り、武家屋敷の塀をつたって、江戸八百八町をわがもの顔で逃げ廻るが、あれはまったく時代考証の誤りである。当時の江戸の町家には、長屋ならいざ知らず、地持ち、家持ち、五人組の家の屋根の下には、「うだつ」とか、「梲《うだち》」とか呼ばれる「しきり板」があって、屋根から屋根に自由自在に飛び移ることはできない。

捕物の図　左上は打込み使用の図　左下は棒を投げて倒す図
右下は鈎縄を襟に打ってひきすえるの図（笹間良彦画）

町には木戸があり、橋には橋番がいて犯人を止めるし、武家屋敷の地域には、辻番がいて、六尺棒片手に、通行人を睨んでいたのである。余談であるが、うだつがあがらぬという言葉は、うだつを屋根にあげるような身分になれぬ意味である。

広い地域を逃げ廻ることができぬから、腕自慢の犯人は、近づく捕吏を斬りまくって寄せつけぬという場合もあるわけである。

寄せ手に死傷や手負いが出るような状況に立ち到ると、えい面倒な、梯子捕りにかけろという段取りになるのである。

屋上の捕物　藤岡藤十郎就縛

大捕物の場合は目明し手先も手甲脚絆向う鉢巻きたすき掛けとなる

古文献に梯子捕りにかけられた者は、大てい重傷を負うか、殺されている、と記載されて、二、三の実例があげてある。

梯子捕りの方法は二通りある。

その一つは、犯人を取り囲んで、四方、八方から、梯子を垂直に立てて近づぎ、犯人目がけて長梯子を倒しかける。命中して犯人が梯子の下敷きになれば、さらに梯子を倒しかけて、梯子の上に、多人数が乗って押しつけ、動けぬようにして捕える。この方法が度が過ぎると誤って犯人を圧し殺すのである。

他の方法は、長梯子の両端を捕吏二名で支え、梯子四本（捕吏八名）と、長柄の捕道具（袖搦み、突棒、刺股）を持つ捕吏四名で一組を編成して、長梯子を横にして四方から犯人を取り囲み、網で魚を追いこむように、だんだんと、囲みを狭めていく。長柄の四名は、各梯子の中央部から囲中の犯人を制圧しつつ、いよいよ近づけば、長柄で四方から突き伏せて捕える。この場合、犯人が、梯子の上を飛び越えたり、梯子の下をくぐって逃げられぬように、梯子が、いつでも、上げたり、下げたりできるように、四本の梯子の両端の組み合

捕物の図　梯子捕りの梯子組みかたを示す周囲は戸板捕りと車捕りを示す（笹間良彦画）

わせを、一端を上に、一端を下に互い違いに組み合わせて囲いをせばめていく。

大捕物（註32）となれば、戸板や、畳や、大八車などを防御物として犯人に近づき、犯人を押しつけて捕えることもあった。

また、投げ物の章で詳述した目潰しや、鎖物の章で説明した鎖竜咤なども使用するので、犯人がいかに武術の達人であっても、超人的な力持ちであっても捕えられぬということは有り得ない。四方、八方から捕縄を投げかけて搦みつかせ、引きずり倒して捕えたり、棒で取り囲み、棒づくめにして捕えたりする。竜吐水で水を打ちかける方法も用いられた。

（註32）大捕物の場合、使用される長柄の捕具には、長柄に、かにのはさみ状の鉄板がついた南蛮棒。十字槍に似て先端に二つ鈎のついた鎖うばい。長柄の先に発光剤を入れて燃やす照明具火串など種類が多い。

第三章　捕方の服装と捕物の実際

町方与力

江戸初期の町方与力は、継裃《かみしも》に白足袋で奉行所に出勤していたが、江戸中期になると、羽織、袴になり、さらに幕末になると、羽織に着流し、紺足袋（裏は白）、雪駄ばき、二本差しで、一目で八丁堀の人間とわかるくらいに、武士としては、柔らかい着物を長めに着ていた。

馬にのるときは、黒八丈の縁《へり》のついた野袴をはき、背後の割れた割羽織（ぶっさき羽織）をはおり、陣笠（外縁が上にまくれ上った練革製黒うるしかけ、裏朱）をかむり、鞭を持っていた。

町々からの要請で捕縛に向かう、いわゆる捕物出役や、幕閣からの命令で捕縛すべき、いわゆるお下知者に対する捕物出役の場合、与力は捕物の検視役として、同心や捕方につき添って出動する。与力自身手を下して犯人を逮捕することはない。ただ同心の手に余るような場合、供の鎗持ち仲間にかつがせていく素鎗をもって、犯人を牽制して、同心に逮捕の便宜を与える。犯人を傷つけたり殺すようなことは決してしない。

この出役の場合の与力の服装は、騎馬で出動していた江戸の初期においては、前述のように野袴に割羽織、両刀を帯びて、陣笠、紺足袋に草鞋といういでたちであった。が、江戸中期以降は、騎乗の出動をしなくなったため、次のように改められた。すなわち、着流しの帯の上に胴締めをして、両刀を帯び、白手拭で後ろ鉢巻をし、白木綿で襷をかけ、着物の裾は上げて、じんじん端折《ばしょ》りにし、紺足袋に草鞋の足ごしらえ、鎗一筋を供の仲間に持たせる。別に若党二名と草履とりの下僕一名を供に従えて出動する。

供の鎗持ちは、共襟の半纏に結びっきりの帯、草履取りは、勝色無地の法被（背中に大きく定紋を入れる）に、綿を芯にした梵天帯を締めていた。

町方同心

八丁堀同心は、いわゆる八丁堀風と呼ばれた、なかなか粋な装いをしていたものである。

八丁堀同心は身だしなみがよく、毎朝、月代を剃り、日髪《ひがみ》といって、髪をあげ直した。八丁堀七不思議に、女湯に刀掛けというのがあるが、これは、女客を入れる前に、まず同心に銭湯を開放し、同心の入浴が終わってから女湯を女客に開放した習慣を不思議がったものである。

髪の結いかたにも特徴があって、月代を広く剃り、髻《たぶさ》を細くとり、きりりと結いあげていた。この髪形は、俗に小銀杏と称せられたものである。着物は、柔らかものを、ぞろりと裾長に着るが、身ごろをせまく仕立ててある。これは捕物などの際、足をすばやく充分に開けるようにという用心のためであった。

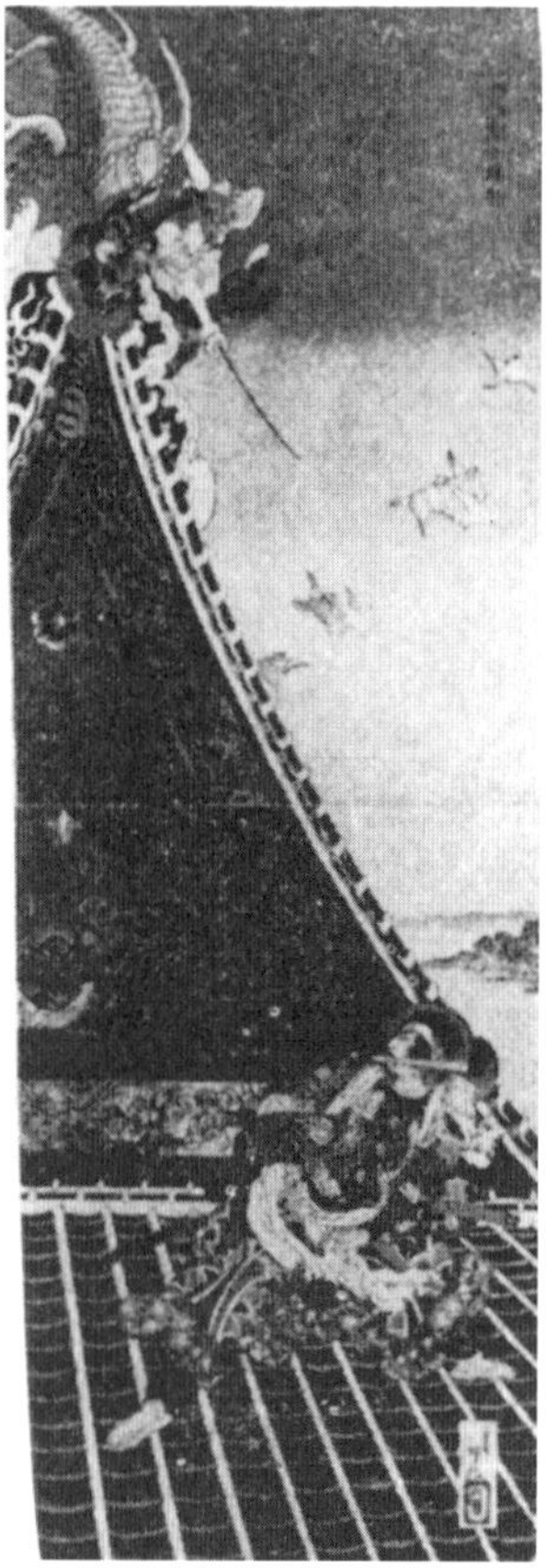

里見八犬伝芳流閣上の捕物

粉飾は多いが大体室町時代の捕方の服装に近い　犬飼現八が口にくわえているのは八角のなえし

黒羽織も裾長であるが、すそを内側に折り下から角帯にはさみ、茶羽織ぐらいに短くする風習があった。これを巻き羽織と呼んだ。

細身の大小を落し差しにし、裏白の紺足袋に雪駄ばき、銀流しの真鍮十手は、内懐にふくさに包んで差していた。身分は侍であるが、口調は伝法な江戸弁で、気風も、一般の武士とはかけ離れていた。いつ、科人を追って旅に出なければならぬような事に遭遇しないでもない役目であるから、常に、五両から十両くらいの金を懐中していたそうである。同心の捕物出役の場合の服装は次のようである。

前述の麻裏つきの鎖帷子を着込み、侍用の股引（現代のズボンに似て胸の下まで引き上げてはく）をはき、芝居の四天《よてん》が着ている黒色の半纏をきて、胴締めをし、刃引きした長脇差を一本だけ帯びる。鎖を縫い込んだ鉢巻を前で結び、白木綿の襷をかけ、手甲（籠手）、臑当をつけ、紺足袋に草鞋掛けの足ごしらえに戦闘用の二尺一寸までの長十手を携える。

忠臣蔵の天野屋利兵衛捕縛

利兵衛を囲む四名の捕方の服装は芝居で四天とよばれているがだいたい江戸期の同心の捕物出役の服装と似ている

同心の供をする仲間は、物持ちと呼ばれていたが、紺無地の法被《はっぴ》を着て、めくら縞か、千草の股引をはき、必ず黒の脚絆をつけている（普通の武家屋敷の仲間は空すねで脚絆はつけない）。捕物の際主人の同心の手足になって働き、格闘する場合を考慮して脚絆、股引、草鞋という服装をしている。携行するものは、十手、鈎縄である。

目明し（岡っ引き）と手先

目明しと、その子分の手先は、平常は、普通の人とまったく同じ服装で、だれがみても生地の堅気の町人風（たとえば縞の着物に縞の羽織という程度）の着流しで、白足袋に草履ばき、十手は目立たぬように懐ろか、羽織の下に隠して差している。もちろん早縄か、鈎縄は常に携帯している。

目明しも同心と同様、いつでもそのまま犯人を追って旅立ちできるように、金子五両は、常に懐中していたといわれる。

余程の大捕物でない限り、尻っ端《ばしょ》折りする程度で捕物にあたり、大捕物の際は、襷、向う鉢巻、手甲、脚絆をつける。

下《した》っ引《ぴ》き

下っ引きは、目明しの子分である手先の、下で働く諜者であるから、目明しや手先のように捕物には決して参加しない。

まったく陰の人間となって、どこまでも堅気の町人のような顔をして澄ましているのである。

桶職とか、魚屋とか、刃物研ぎとか、左官とか、何かの商売をしながら、諜報を集めてくるのであるから服装などはその職業向きのものだけである。捕物の場合は、見物人の中にまじり情報を集める。

八州取締りと番太

関東八州取締り出役の代官手附と代官手代は、ぶっさき羽織に袴をつけ、股引きに脚絆、草鞋がけで、鉄身で柄と鈎を真鍮で飾り、浅葱色か紫色の房紐のついた十手を懐中していた。もちろん両刀を帯びている。

八州の番太は、(註33) 普通の着物の尻っ端折《ばしょ》りで、角帯を締め、紺の股引き、紺の手甲、脚絆に必ず白足袋をはき草鞋掛けで、一尺八寸楠流十手を帯に差し、懐中に鈎縄、手に六尺棒を持つ。

(註33) 八州の番太は、西部劇に登場する保安官によく似た存在である。その報給は、毎年村中の一戸から米一斗二升。大豆若干を受けるといわれている。何ヶ村も受け持てば、かなりの収入になり、住居は村で用意するのも西部劇に似ている。番太の中には武芸の達人も多く人気のある番太には数名の乾分もいたという。

あとがき

二十年来の念願であった『拷問刑罰史』を、斯界の権威である雄山閣から出版することとなって、まず考えたことは、拷刑資料として後世に残しても恥しくない間違いの少ないものにしたいということであった。

つぎに本来が陰惨残酷なものであるから、つとめて暗くならぬように、読物としても興味深いものにしたいと心をくばった。

ただし江戸時代の「ムード」をこわさないように、古文献からの引用文は難解ではあるが昔風のことばをそのまま転載し、文献名を明記することとした。

つぎに研究未熟で正確なことが判明しない箇所は卒直に明記し、不正確な記述は推定と明記した。これは読者の皆様と著者にとって向後の共同研究課題であるから、お気づきの点は御教示願いたい。著者はこれから振り出しに戻って勉強をしなおし、研究の完璧を期している。

この出版が少しでも、文芸、映画、テレビなどの時代考証に貢献することになれば、著者の本懐これに過ぎるものはない。

図録は、日本甲冑武具研究会創設以来の同志である笹間良彦画伯にお願いして、つとめて誇張をさけた考証資料的な図を正確に描いていただいた。

出版に際して御尽力下さった大河内常平先生、古河三樹氏、雄山閣社長の長坂一雄氏、岡崎元哉氏、大沢未知之介氏、江崎真澄先生に深く感謝の意を表するものである。

なお、「雄山閣版、拷問刑罰史より転載」と明記すれば、本書よりの資料転載は自由である、御利用願いたい。今回は新しく「捕物篇」を増補し、読者の便宜を計るようにした。

以上までの文章は本書初版発行の昭和三十七年頃のときのものである。今回は註をつけて書き改めたのは「まえがき」のとおりだが、江戸刑事博物保存協会の皆様のさまざまなご支援と、東京監獄跡を案内してくださった古河三樹氏に感謝したい。江戸刑事博物保存協会の六十年度旅行会は、箱根関所と小田原城の探訪。六十一年度は、会員三十余名、マイクロバスで、板橋刑場、小塚原刑場、鳥越刑場、伝馬町牢獄、東京監獄、鈴ヶ森刑場などの史跡探訪。往時の、獄門台、首斬場、拘首台などの位置を確認し、深い感銘を受けました。

著　者

昭和六十二年冬

■著者紹介

名和弓雄（なわ ゆみお）

明治45年（1912）1月、福岡県北九州市に生まれる。
時代考証家・武術家（正木流万力鎖術宗家・江戸町方十手捕縄扱様宗家）
平成18年（2006）9月逝去。

〈主な著書〉
『十手捕縄の研究』、『間違いだらけの時代劇』、『続間違いだらけの時代劇』、『図解　隠し武器百科』、『絵でみる時代考証百科シリーズ』、『十手・捕縄事典　江戸町奉行所の装備と逮捕術』、『長篠・設楽原合戦の真実 甲斐武田軍団はなぜ壊滅したか』ほか多数。

1963年 9月20日　初版発行
1987年12月20日　改訂版発行
2012年 5月25日　改訂新版発行
2022年11月25日　改訂第二版 第一刷発行　　《検印省略》

拷問刑罰史《ごうもんけいばつし》【改訂第二版《かいていだいにはん》】

著　者　名和弓雄
発行者　宮田哲男
発行所　株式会社 雄山閣
〒102-0071　東京都千代田区富士見２－６－９
TEL 03-3262-3231㈹ FAX 03-3262-6938
振 替 00130-5-1685
http://www.yuzankaku.co.jp
印刷・製本　株式会社 ティーケー出版印刷

ISBN978-4-639-02873-4　C0021
N.D.C.383　240p　21㎝